# 今さらだけど、アドラー心理学を実践してみたらすごかった!

普通の会社員が人生を変えた12カ月

小泉健一
Koizumi Kenichi

大和出版

# はじめに　あなたも、今の人生、思いきり好転させてみませんか？

はじめまして、会社員、ライフコーチをしている小泉健一といいます。

この本のタイトルを見て、本書を手にしたあなたは、

「アドラー心理学は聞いたことあるけど、よくわからない」

「アドラー心理学についての本は読んだことがあるけど、なんだか難しかった」

こんなふうに思われているかもしれませんね。


私は、営業職として、商品を販売する仕事をしています。

現在こそ、副業としてコーチングをしたり、電子書籍で本を出したりしていますが、それまでの私はどこにでもいる典型的な会社員。

・平日は「早く過ぎ去ってくれ」と思いながら働き、週末に友達と飲みに行ったり、好きなバンドのライブに行ったりしてストレスを発散する

・給料はほぼ全部趣味や買い物で使い切ってしまい、貯金はゼロ
・読書や勉強など、成長につながることにはまったく興味なし

どこにでもいるというよりも、平均以下の生活だったかもしれません……。

幸い、人間関係には恵まれ、最愛の妻もいて、親や兄弟ともとても仲が良く、大切な友人もいる。会社の人もみんな、とてもいい人でした。

ただ当時は、何かに夢中になりたいとか、人生をかけて何かを成し遂げたいとか、そんな気持ちはまったくありませんでした。


そんな私が、あることがきっかけで、アドラー心理学に感銘を受け、アドラー心理学関連の本を読み漁り、実生活で取り入れてみました。

すると、どんな変化が起きたのか――。

・仕事にやりがいを見出し、重要なポジションに就き、会社員として楽しく働く
・クライアントの人生を応援するライフコーチになるという夢が見つかる
・会社員以外の収入が給料と同じくらいになって金銭的にも豊かになる

・毎朝5時には起きて、勉強をする習慣が身につく
・年間100冊以上の本を読む読書家になり、より幸せに生きる知恵を学ぶ

しかも、たった1年で、です。

この本では、私が実際にアドラー心理学を1年間実施してきて、どのように人生が好転したかを私の経験談を交えて、すべてを明かしていきます。

臨場感をもって読み進められるよう、そしてあなた自身も実生活に取り入れることができるように工夫いたしました。


「アドラー心理学は心理学だから、生活に落とし込めるものじゃないんじゃない？」

そう思われますか？　いいえ、アドラー心理学は、理論に基づく心理学ではありますが、使わないと意味がない「使用の心理学」なのです。

ここで、アドラー心理学で衝撃的だったことを、ひとつお話しさせてください。

今の自分を作っているのは過去の経験や、自分の性格や価値観によるものだから、大人になったら人生を変えることなんてできない。かつて私はそう思っていました。

しかし、アドラー心理学の考え方は違いました。

未来の目的さえ変えれば、人は誰でもいつからでも変わることができる。

私は、この考え方を自分に応用しただけではなく、コーチングや電子書籍の執筆、ブログを通して、アウトプットしていきました。

すると、「アドラー心理学って難しい印象だったけど、とてもわかりやすく理解できた」「取り入れてみたいと思えた」といった嬉しいお声をいただきました。

取り柄なんて、ひとつもなかった私が、こうして人に役立つことができている
——これは本当にアドラー心理学のおかげです。


**人生はいつからでも変えられる。**

**どこにでもいるただの会社員の私でもたった1年で変われました。**

この本を手に取ってくださったあなただって、きっとできます。

ひとりでも多くの人がアドラー心理学で人生が豊かになりますように。

小泉健一

今さらだけど、アドラー心理学を実践してみたらすごかった！　目次



プロローグ

# アドラー心理学でこんなにも人生が変わるなんて！

## あるとき、ただの単調な日々に変化が訪れた

# 第1章 そもそもアドラー心理学って何？
## ——すべての悩みを解決する、この理論の全貌

第2章

# 本当にやりたいことって、なんだろう？

## ――「自分軸発見」の1ヵ月目

### 「何かで人生を変えたい」という気持ちが沸き起こった



### 自分の世界の見方を知る



column 1 「アサーション」で気持ちを伝える

第3章

# やりたいことをやるって、どういうこと？

## ——自分を「人生の主人公」にできた2〜3ヵ月目

### 「主体性のない生き方」だったことに気づく



### 自由でいたい。でもどうすればいい？

# 第4章 人付き合いで、こんなに疲れてしまうのはなぜ？
## ――「人間関係改革」の4～6ヵ月目

### 次第に周りの人までも変わっていった

## 第6章 本当の幸せって、なんだろう？ ――「人生全体の幸福度」が倍増した10～12ヵ月目

本文レイアウト　喜來詩織（エントツ）
図版作成　齋藤知恵子
本文ＤＴＰ　白石知美・安田浩也（システムタンク）

プロローグ

# アドラー心理学でこんなにも人生が変わるなんて！

# あるとき、ただの単調な日々に変化が訪れた

**「人生が困難なのではない。あなたが人生を困難にしているのだ。人生は極めてシンプルである」**


これは心理学者である、アルフレッド・アドラーの言葉です。

あなたは今、充実した人生を送ることができていますか？

それとも人生に苦しんでいますか？

困難が立ちはだかっていますか？

アドラーは人生を困難にしているのは、ほかならぬ自分自身だと言います。

「友人から裏切られた」

「会社をクビになった」

「親に勘当された」

「離婚した」

「仕事で大失敗した」

など、多くの困難や悩みを抱える人も多いでしょう。

しかし、アドラーは、それはすべて自分で自分を困難にしているというのです。

この本を読んでくださっている人の中には、こうした考え方に納得できない人もいるでしょう。

私もアドラー心理学を知ったばかりの頃は、なんでも自分の責任とする考え方に戸惑い、納得もできませんでした（自分の責任とする考え方は「自己決定性」「認知論」という理論に基づいたものです。のちほどご説明します）。

**しかし、アドラー心理学が身につき、実践している現在の私から言わせてもらうと、アドラーの言葉はその通りだと思います。**

本章に入っていく前に、私自身がアドラー心理学を取り入れ、どのように変化をしたか、ここで簡単にお話ししたいと思います。

私はもともと、自分のことは犠牲にしてでも他人に優しくし、他人の役に立つことや喜ぶことを優先していました。

例えば学生時代に、他人から何かを頼まれたとき、本当はやりたくないことでも、期待に応えようと断りもしませんでした。

友人と遊びに行くときも、自分が何をしたいかは言わずに、友人のやりたいことを優先していました（友人から「もっと自分の意見とか、やりたいこととか言っていいよ」と言われてしまうくらい……）。

そのまま就職して会社勤めをしても、とにかく言われたことや会社の方針に従うことだけを意識して仕事をしていました。

上司に認められることばかり気にして仕事をしていたのです。

しかし、それでは単なる会社のコマで、心身が削られてしまいます。

**「楽しいけど、充実はしていないな……」**

これが、20代の私の想いでした。

会社の人たちはとてもいい人ばかりで、職場の人間関係に悩むことはなく、人と対話するのは好きだったので、営業という仕事も苦ではありませんでした。

ただ、自分の人生でやりたいことというものはなく、考えもしなかったので、充実しているとは言えない状態でした。

そもそも自分のやりたいことなんて、どうでもいいとすら思っていたかもしれません……。

## 仕事以外の「やりがい」がほしかった

そんな私がアドラー心理学に出会ったのは30歳になる頃でした。

きっかけはコーチングです。

コーチングとは、クライアントが理想や目標を叶えることを目的として、行動や変化を促すためのコミュニケーションです。

対話や質問を通し、クライアントの内側の想いを引き出す手法はカウンセリングに近いです。

私は、会社員として、言われたことしかしていない状況で、今後この先何十年と同じ会社に居続けて、同じ仕事を繰り返すことが幸せなのかと疑問に感じていました。

できれば、趣味とか、お金をもらえなくても充実するようなことで、会社員以外のやりがいを見つけたいと思っていました。


もともと、学生時代は、友人の相談に乗ることが多く、人の話を聴くのが好きでした。そこで、カウンセリングを学んでみようかと考えていたところ、タイミングよくコーチングをやっている知り合いと出会ったのです。

その方は「アドラー心理学をベースとしたコーチング」を提供していました。

それがアドラー心理学との初めての出会いです。

当時はすでに『嫌われる勇気』（岸見一郎・古賀史健著／ダイヤモンド社）がベストセラーとなっていて、「アドラー心理学」という名前は聞いたことがあったのですが、詳しくは知りませんでした。

そうして、さっそく体験コーチングセッションを受けることに。

**……びっくりしました。自分ひとりで考えていても思いつかないような結論や、自分の想いが溢れてきたのです。**

初めてコーチングを受けるとき、私はとても受け身でした。

「私が何もしなくても、コーチが勝手に導いてくれるのかな……」と。

しかし、コーチングは、クライアントにアドバイスしたり、導いたりはしません。

あくまでクライアントがどうしたいかを尊重します。

**「あなたはどうしたいの？」**

**「もし、誰からも何も言われなくて、なんでもできるとしたら、何がしたい？」**

そんな質問をされて、とても新鮮な気持ちになったのを今でも覚えています。

なぜなら、今まで「自分がどうしたいか」なんて真剣に考えてこなかったからです。

でも、このコーチングセッションを通して「好きなときに好きな場所にいたい」という自分の本音に気がつくことができました。

同時に、今の働き方では、それは叶わないと知り、自分がどうしたいのかを考えるようになりました。

## コーチングとアドラー心理学は、つながっている

そして、それはアドラー心理学に通じる考え方でした。

コーチングはアドラー心理学ととても相性がいいです。

コーチングでは、過去がどうであれ、

**「今のあなたはどうしたいの？」**
**「どんな未来になっているといい？」**

という切り口の質問をします。

これは、アドラー心理学と同じ考え方が基盤となっています。

というのも、アドラー心理学の特徴に、「未来思考である」というものがあります。

アドラー心理学には「目的論」という考え方があり、「人間の行動や感情にはすべて目的がある」といいます。

一方、心理学者フロイトの唱える「原因論」は、「人の行動や感情には必ず原因がある」という考え方をします。**これは未来ではなく過去思考です。**

目的論と原因論をわかりやすく説明すると、次のようなことです。

・プレゼンで失敗した過去があり、もう恥をかきたくないから（目的）人前で話すことに緊張してしまう。
これは「目的論」（未来思考）です。
・プレゼンで失敗した過去があるから（原因）、人前で話すことに緊張してしまう。
これは「原因論」（過去思考）です。

**「プレゼンで失敗した過去がある」「緊張する」という事実はどちらも同じです。ひとつの事実に対し、原因論で考えるか、目的論で考えるか、それは自分で選べます。**

アドラー心理学では目的論を尊重します。

なぜなら原因論で考えると、未来は変えられないからです。

先ほどの事例で言えば、原因論で考えると、プレゼンで失敗した過去がある限り、「緊張してしまう自分」からは逃れられなくなります。

ただ、目的論で考えると、「もう恥をかきたくない」という目的さえ変えれば、行動を変えることができます。

「恥をかいたっていい。しっかり準備をして自分の力をすべて出し切ればいい」と思うことができたら、プレゼンも怖くなくなるでしょう。

私は、この考え方で人生に目的を持つことができました。

あなたは、「自分の性格がこうだから」「これまでの実績がこうだから」「これまでやってみた経験がないから」と自分で制限をかけていないでしょうか。

それは目的さえ変えれば、いつからでも変えられるということです。

## 目的論と原因論

アドラーの言葉

「人間の行動や感情にはすべて目的がある」

### 原因論

| | | |
|---|---|---|
| 以前に失敗して恥をかいたことがあるから嫌だな…… | → | 緊張する |
| 人見知りの性格だから…… | → | 人に声をかけない |

行動したくない原因として、過去の出来事や、自分の性格を利用している

↓

**いつまでも現状が変わらない!**

### 目的論

| | | |
|---|---|---|
| 以前みたいにまた恥をかきたくないな…… | → | 緊張する |
| 無理してまで人と仲良くしたくない…… | → | 人に声をかけない |

目的を変えれば、過去の出来事や、自分の性格の意味は変えられる

↓

**現状を変えられる!**

## これといった「強み」がなかった私

私は学生時代、人とは違った経験や、突出した実績を持っていませんでした。就職活動のときの自己PRも、アピールすることがなかなかなくて困っていたくらいです。

そんな私なので、コーチングで「やりたいことはなんですか？」と聞かれても、すぐには答えが出てきませんでした。

しかし、コーチングを通してアドラー心理学の考え方を知り、アドラー心理学についての本も5〜6冊読んで、その理論を知ることで、過去にとらわれず、今の自分が何をしたいか、どんな未来にしたいかという目標や理想が湧き出てきたのです。

余談ですが、何かひとつのことを学びたいときは、同じテーマで、さまざまな著者が書いた本を複数冊読むことをおすすめします。さまざまな視点からの知見が得られるのでとても学びになりますし、自分自身の考えもまとまるからです。

私は、「人生の中で今が一番楽しい」と断言できます。

今ではアドラー心理学の考え方を通して、会社員の仕事以外にもやりがいを見出し、コーチングや作家活動をしています。

それ以外にも、人間関係も良好になったり、生活習慣も改善されたりと、多くの変化がありました。


**断言します。**

**アドラー心理学を取り入れれば人生は変わります。**


本書では、私がアドラー心理学を取り入れて、1年間でどのように変化していったかを時系列で綴っていきます。

私がアドラー心理学を取り入れた変化は、例えば次のようなものです。
・目標もなくただ働いていた会社の仕事を、やりがいを持ってできるようになった

・会社員以外でも個人でやりたい仕事を見つけることができた（コーチング、作家）
・人間関係のトラブルやメンタルで不調になることがほぼなくなった
・心と体の健康を保つ習慣が身についた
・やりたいことを我慢しなくていいくらい、自由に使えるお金が手に入った

現在、少しでも、

「自分のやりたいことがわからない」

「人間関係に悩みがある」

「メンタルが安定しない」

「人生に意義を見出すことができない」

と考えている人がいたら、ぜひ、本書で紹介するアドラー心理学を少しずつ取り入れてみてください。

# 第1章

# そもそもアドラー心理学って何？

## ――すべての悩みを解決する、この理論の全貌

# アドラー心理学は、こんなふうにできている

アドラー心理学について説明する前に、まずは、アドラーがなぜアドラー心理学を提唱したのかをご説明します。

アドラー心理学の創設者であるアルフレッド・アドラーは、フロイト、ユングと並び、近代の心理学の三大巨匠とされている人物です。

アドラーは医者でした。

自身も病気で苦しんでいたことから、27歳で開業し、医者になります。

医者として多くの患者を見てきた中で、感情や精神、そして人間の幸福について考えるようになりました。

そして、それを体系的にまとめたのが「アドラー心理学」です。

## アドラー心理学の全貌

アドラーの言葉

「人間の悩みはすべて対人関係にある（対人関係論）」

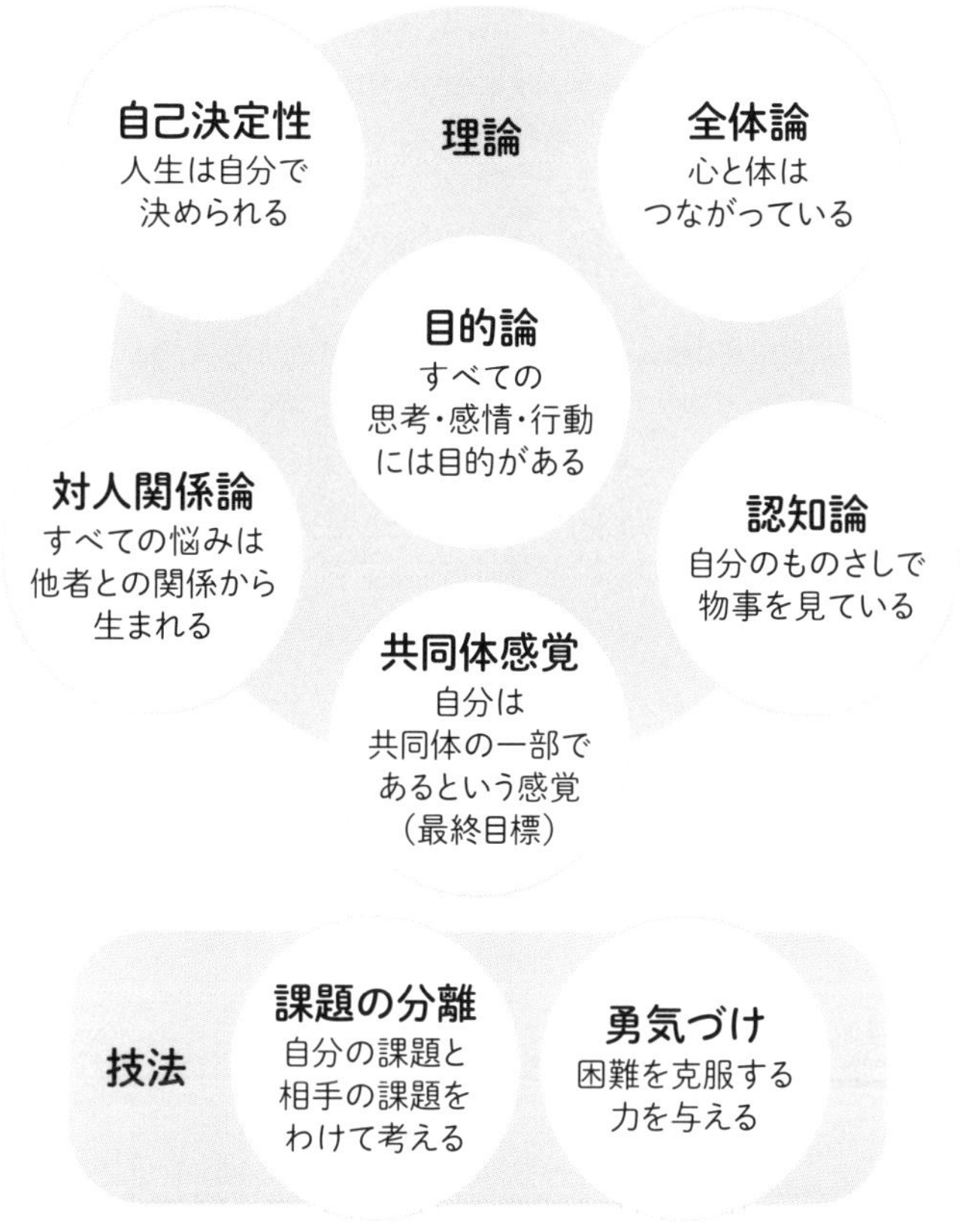
理論
自己決定性
人生は自分で決められる
全体論
心と体はつながっている
目的論
すべての思考・感情・行動には目的がある
対人関係論
すべての悩みは他者との関係から生まれる
認知論
自分のものさしで物事を見ている
共同体感覚
自分は共同体の一部であるという感覚（最終目標）
技法
課題の分離
自分の課題と相手の課題をわけて考える
勇気づけ
困難を克服する力を与える

アドラー心理学の理論としては、「目的論」「自己決定性」「全体論」「対人関係論」「認知論」の5つがあり、その最終目標が「共同体感覚」というものです。

さらに、「勇気づけ」という生きる勇気を与えるアプローチ技法や、「課題の分離」という考え方もあります。

これらをマスターすると、自分らしく生きることができるようになります。

人間は社会の中で生きる生き物なので、ほかの人間と関わらないといけません。

アドラー自身も**「人間の悩みはすべて対人関係にある」**と言い切っています。

アドラー心理学のすべての理論はこの対人関係に役立ち、自分らしさを取り戻してくれるのです。

かつて、まったく自己主張をしてこなかった私が、今はやりたいことにあふれ、日々が充実しているのも、アドラー心理学のおかげです。

では、私の実体験をお話する前に、アドラー心理学の全体像をひとつひとつ見ていきましょう。

## 1 目的論――すべての思考・感情・行動には目的がある

まずは、アドラー心理学の「目的論」についてご説明します。

**目的論とは、「すべての思考・感情・行動には目的がある」という考え方です。**

そしてその思考・感情・行動の先には、必ずと言っていいほど「人」がいます（これは40ページの「対人関係論」で詳しく説明します）。

ある人に向かって、なんのためにその思考・感情・行動が生まれたのかと考えるのが目的論です。

23ページで、フロイトの「原因論」と比較しましたが、原因を考えることも、たしかに大事です。

仕事で失敗した原因の追及をおろそかにしていると、また同じ過ちを犯すリスクがあるからです。

ただ、原因を考えることは、あくまで目的を達成するための情報でしかありません。

その原因をはっきりさせ、次は失敗しないように努力する。

このための原因追及であれば効果的でしょう。

しかし、過去を嘆くような原因追及は無意味で不毛です。

「なぜこんなことしてしまったのだろう……」

「相手を傷つけてしまったのは、私の性格がいけないんだ」

と原因ばかり考えていても、そこから生まれるものはありません。

**変えられない事実があったとして、自分はどうしたいのか、なんのために行動するのかという、「これから」が大事なはずです。**

現在や未来に向けて思考を巡らせる「目的論」は、「いつからでも人生の意味は変えられる」と言っているのと同じです。

だからこそ、アドラー心理学は「勇気の心理学」と呼ばれているのです。

## 2 自己決定性（主体論）——人生は自分で決められる

**「人間は自分自身の人生を描く画家である」**

これはアドラーの言葉です。

人生は自分で決められる。

すべてのことに対して、やるかやらないかを選ぶことができる。

これが「自己決定性」です。または主体論とも言います。


もしかすると、次のように感じる人がいるかもしれませんね。

「留学したいのに、親が許してくれない」

「やりたくないけど、やらないと上司に怒られる」

「お金がないから無理」

「やりたいことがあるけど、今の仕事をやめられないし、環境が変わらないとできない」

それは、果たして本当にそうでしょうか。

ここで、再度アドラーの言葉を紹介しましょう。

**「変われないのではない、変わらないという決断を自分でしているだけだ」**

やりたくないのにやっていたり、やりたいけどできていなかったりすることは「人生の嘘」だとアドラーは言います。

例えば、「やりたくないけど、やらないと上司に怒られるから会議の資料を作成している」という人は、アドラーから言わせると、やりたくないならやらなければいいということです。

やらないことよりも、怒られることを避けるほうが優先度として高いから、資料を作成しているだけ。

それを「やりたくないけど、やっている」なんてねじまげて考えるのは、嘘をついていること。本当は「やりたいからやっている」ということです。

アドラー心理学に基づいて考えると、人はいつからでも変われます。

アドラーは性格のことを「ライフスタイル」と呼びます。

それは、「性格であっても変えることができる」という想いがあるからです。

あなたは「私はこういう性格だから」「引っ込み思案だから」「人見知りだから」というように性格を言い訳にして行動を制限してはいないでしょうか。

アドラーから言わせれば、それは理由になっていません。

なぜなら性格は変えられるからです。

性格は、5歳くらいまでに形作られ、10歳でおおむね完成するとアドラーは言います。そのような過去の体験からの思考や感情があなたの価値観を作り、今のあなたを作りあげています。

**つまり、性格というのはこれまでの「傾向」とも言えます。**

だからこそ、これからのことを考え、自分の行動を変えて体験を増やしていけば、未来のあなたのライフスタイル（性格）は変えることができます。

「性格すら変えられる」と聞いて、どう感じますか？

「そんなわけない」と疑っている人こそ、ぜひ本書を最後まで読み進めてくださると嬉しいです。

## 3 全体論——心と体はつながっている

**「人の心と体は分離できないひとつの統合体である」**

これがアドラーの唱える「全体論」です。

先ほど、「やりたくないのにやっているというのは嘘だ」とお伝えしました。

これは全体論の考え方でもありますが、やりたくないという「心」と、やっているという「体」は一見矛盾しているように見えますが、同じだということなのです（本当はやりたいからやっているということ）。

ほかにも、

「ダイエットしたいけど、お菓子を食べるのがやめられない」

「禁煙したいけど、タバコをやめられない」

「読書したいのに、家でゴロゴロしながらネットフリックスを観てしまう」

など、やめたいのにやめられないことって誰にでもあるのではないでしょうか。

こうした行為も、本音は「やめたくない」と思っているはずです。

例えば「ダイエットしたいけど、お菓子を食べるのがやめられない」というのも、本音は、

「周りからかわいい（あるいはカッコいい）と思われたいからダイエットしたいけど、運動するのは面倒くさいし、ジムに通うのもお金がかかるからやりたくないし、自分

が食べたいものを食べていたい」

というような本音が隠れています。

「人間の心と体、意識と無意識には矛盾がなく、ひとつの目的や欲求を満たしている」と覚えておきましょう。


アドラー心理学は「個人心理学」と言われています。

「個人心理学」を英語で書くと「individual psychology」で、「individual」とは「切り離せない」という意味になります。

アドラーが提唱した個人心理学とは、**「意識も無意識も行動も感情も、すべてひとつの目的に向かっている」**という全体論の考え方に基づいているのです。

アドラーはこうも言っています。

**「私たちは全体の損得を考え、自らの目的のために選択して行動している」**

私は、コーチングをしていて、クライアントからの悩みを聞いているときも「全体論」を意識しています。

というのも、どんな悩みも、抽象度を高めていけば、その人の価値観に通ずることが多いからです。

例えば、職場での人間関係の悩みも、親との悩みも、お金の悩みも、それぞれバラバラなようで、その根底にある想いは同じであることが多いものです。

悩みを解決するときにも、この「全体論」はとても役に立つので、頭に留めておきましょう。

## 4 対人関係論——すべての悩みは他者との関係から生まれる

すべての悩みは対人関係から生まれる。思考・感情・行動には相手役がいる。こう考えるのが「対人関係論」です。または社会統合論とも言います。

人間は、対人関係によって目的や行動が変わるものですが、それらを観察すると、その人のライフスタイル（性格）や人間性を理解することができます。

アドラーは医者として、頭痛持ちの患者にこう聞いたことがあったそうです。

「結婚生活はうまくいっていますか？」

これを聞かれた患者は怒ったそうですが、実際に結婚生活はうまくいっていなかったようです。

アドラーは、病気もそれ単体ではありえないと考えていました。

というのも、その人を取り巻く社会（家族、会社、友人、近所付き合いなど）の状況が影響し合って、その人自身を形成すると考えているためです。

また、よく「自分探し」をする人も多いと思いますが、これも個人の行動だけでは答えを出せません。なぜなら、人は他者と関わり合って個を形成しているから。

これまでの家族の関係、友人関係、上司や部下の関係、これらが重なり合って「自分とは何か」がわかっていくものです。

人間はひとりでは生きていけません。

大昔から人類は群れで暮らしてきました。

これは今も変わりません。

ひとり暮らしししようが、引きこもりだろうが、何かしら人とのつながりを感じて生きています。

人間の行動も感情も、すべて人に対して発生するものです。

「仕事がうまくいかない」といった、他者は関係なく、個人の抱えるような悩みだとしても、それは「家族への申し訳なさ」だったり「世間体」だったり、他者からの目を気にしているということもあるでしょう。

したがって、悩みを感じたときは「この感情の先には誰がいるのだろう」と考えてみるのがオススメです。

## 5 認知論（仮想論）——自分のものさしで物事を見ている

アドラーはこう言います。

**「ピンク色のレンズの眼鏡をかけている人は、世界がピンク色だと勘違いしている」**


「ピンクの眼鏡をかける」とは、「人はみんな、自分の眼鏡を通して世界を見ている」、つまり「人はそれぞれ見たいように世界を見ている」ということを指します。

この「人は見たいように世界を見ている」ということを「認知論」と言います。

または仮想論とも呼びます。

アドラーが大きく影響を受けた人のひとりに、ハンス・ファイヒンガーというドイツの哲学者がいます。彼は『かのようにの哲学』という本を残し、アドラーはそれに影響を受け、自身の心理学を「かのようにの心理学」と呼んでもいました。

「かのように」というのはどういうことかと言うと、**「人間は決して世界の事実を見ることはなく、自分の思考や感情、価値観を通して意味づけをしている」**ということです。

このように、人によって感じ方や解釈は変わるものです。

哲学者・ニーチェも「事実というものは存在しない。存在するのは解釈だけだ」と言います。

このアドラーの認知論も同じことを言っています。

人間は「ライフスタイル（性格、これまでの経験）」により、今起きていることを解釈しています。

例えば、幼少期から褒められたことがなく、自尊心が低い人は、どんなこともネガティブに考えがちかもしれませんし、楽観的な家庭で育った人は、どんなこともポジティブに物事を考えることができるでしょう。

人に傷つけられてきた人は、「人間は冷たい」と思うかもしれません。

それには、これまでの自分の人生での経験が関わっています。

経営の神様・松下幸之助さんが採用試験の際、「君は運がいいか?」と質問した話は有名です。

運というものはすでに決まったものだと思い込んでいる人が多いですが、運が良いか悪いかは自分自身の解釈でしかない。

そう思ってこの質問をしたのでしょう。

困難も課題も苦労も「こんな人生を歩めて運がいい」と思えるかどうかを松下幸之助さんは大切にしていました。

このように、物事をフラットに、ニュートラルに捉えられると、ポジティブに生きることができます。

**アドラー心理学の「認知論」は、ラクに生きるためにとても大切な考え方だと私自身も感じています。**

自分がどんな認知を持っているのか。

これを考えることで自分の悩みを解決できることがあります。

アドラーは、客観的な事実よりも、出来事や他者をどう考えてどう捉えているのかということを大切にしているのです。

以上、「目的論」「自己決定性」「全体論」「対人関係論」「認知論」というアドラー心理学の中核を担う、五大理論について大まかな概要をご説明しました。

次からは、「勇気づけ」というアプローチ技法、「課題の分離」という考え方、そして「共同体感覚」という思想についてご説明いたします。

# 良好な人間関係を作るための3つのコツ

アドラー心理学は「勇気の心理学」と呼ばれていますが、「勇気づけ」というアプローチ技法はとても重要で、良好な人間関係を築くために役に立つものです。

この場合の「勇気」ですが、「困難を克服する活力」「結末や責任を引き受ける力」「共同体で協力し貢献する力」を指します。

## 勇気づけ――困難は勇気で乗り越える

アドラー心理学の「目的論」に基づくと、人は誰しも目的に向かって行動する欲求があります。

「出世したい」と一言で言っても、「家族に認められたい」という目的がある人もいれば、「自分に自信を持ちたい」という目的がある人もいますね。

行動すると、困難や課題にぶつかることも多いでしょう。

そのときに乗り越えていけるカギは「勇気」があるかどうかにかかっています。

自分自身への勇気づけはもちろん、他者に対しても勇気づけができると、信頼され、良好な人間関係を築くことができます。


仕事がうまくいかなかったときに、私が上司から勇気づけされた、ある言葉があります。

それは、「小泉にこの仕事を任せておいてよかったよ」という言葉です。

この言葉で私は「もっと頑張ろう」という気持ちになれました。

「よくできたね」「すごい」などと結果で褒められたとしたら、もし望んだ結果が出なかったときに「自分ってダメなんだ」と自己否定してしまうことがあります。

**この言葉は、私の仕事の結果ではなく、過程を見てくれていた言葉だったので、「次は結果が出るように頑張ろう」という気持ちになれたのです。**

勇気は無鉄砲でも勇猛なことでもありません。しっかり目的を見据え、「自分ならできる」と信じ、目的達成のために課題を乗り越えようとする力のことです。

そして、自分のことは自分で決めて行動する、その結果や責任も自分で受け入れる、それも勇気であると言えます。こうした力が身につくと、困難が立ちはだかっても自分自身の力で乗り越えることができるのです。

他者に対する勇気づけも同じです。

他者を尊敬し、優劣で判断せずに、その人自身を尊重すること。

無条件で受け入れ、「これだけ準備してきたあなたなら大丈夫だよ」といった言葉をかけ、「あなたならできる」と思ってもらえるアプローチをすること。

これは他者に勇気を与える行為になり、有効な人間関係を築くこともできます。

このように勇気とは、自分にも相手にも重要なものと断言できるでしょう。

## 課題の分離――自分の問題と相手の問題をわけて考える

「課題の分離」とは、物事や考えに対して、「自分のこと」なのか「他人のこと」なのか分離して考えることです。つまり、自分と相手の課題をわける考え方です。

人間関係で悩むときは、この「課題の分離」ができていないことが多いものです。例えば、自分のことに土足で踏み込んでくるような人にイライラしたり、他人のことに自分が介入して相手をコントロールしようとして相手に嫌がられたり……。

私の話になりますが、以前いた職場で仕事をサボってばかりいる人がいました。そのような人が給料をもらっていることにイライラしていたのですが、今考えると課題の分離ができていなかったと感じます。

一生懸命に働くか惰性で働くかはその人次第。私が介入できることではありません。その人と比較なんてせずに、自分の仕事に集中すればよかったのです。

人間関係を良好にするコツは**「相手のことには介入しない。自分の課題にだけ集中する」**ということにあります。

ちなみに、私は心理学を勉強する際、そのルーツは哲学にあると思っていて、哲学書も読むようにしていました。その中で紀元前に創始された「ストア派哲学」という哲学はアドラー心理学ととても近しい考え方をしています。

例えば次のような考え方です。

「自分で変えられるものに集中しよう」（これは「課題の分離」と一緒です）

「宇宙の秩序や法則に従って自然に逆らわずに一致して生きれば幸福が得られる」

（これは後述する「共同体感覚」に近いと考えます）

哲学の本を読むことで、アドラー心理学への理解はより深まっていきました。

話を戻します。課題の分離を意識するうえでひとつ注意したいのは、課題の分離は、自己中心的でもなく相手を見捨てることでもないということです。

例えば「自分のやりたいことだから、相手が嫌な気持ちになったっていい」という考えや、「この人のやっていることで私にまで迷惑を被っているけど、これは相手の課題だからしかたない……」という考えとは違うということ。

次のようなケースは、自分と他者双方の共通の課題となります。

1．他者から頼まれたとき

2．他者の行動の結果、自分が迷惑するとき（その逆も然り）

## 3．他者の人生に多大な影響が出てしまうとき

**共通の課題というのは、自分と他者がひとつの目的に向かって進んでいくときに必要になるものです。**

他者から何かを頼まれたときに、「相手を助けたい」と思ったら、それはあなたの課題にもなりえます（ただ、あなたの欲求だけ押しつけてはいけません）。

他者の行為で自分に不利益があるときは、自分の主張を通すべきです。

例えば、友人から悩み相談を受けて、「それはあなたが悪いと思うよ」と正直に伝えたら、友人がムッとしてしまったとします。

あなたとしては「気に障ることを言ってしまったかな」「傷つけてしまったのかな」と思うかもしれませんが、相手があなたのことをどう思うかは相手次第。

そこに悩んでいてもしかたありません。

しかし、それが気になって眠れないというくらいになってしまうなら、それは自分の課題でもあるので、友人に気持ちを確認するといったことが必要になります。

また、友人が犯罪に手を染めようとしていて、本人の人生に多大な影響が出てしま

うようなときも遠慮なく介入するべきです。

課題の分離は、自己中心的になり、他者に冷たく接するのとは異なります。他者の行為や感情のようなコントロールできないことには介入すべきではありません。が、他者と自分の共通の課題ならば、無理に課題の分離をするものではないのです。

まず、悩みや課題にぶち当たったときに、それが自分の課題なのか他者の課題なのか、それとも共通の課題なのかを考えましょう。

## 共同体感覚――コミュニティの中で生きる

### 「幸せになる唯一の方法は他者への貢献」

これはアドラーの考えです。

「共同体感覚」という思想は、アドラー心理学の中枢を担うもので、アドラー自身も「人類の最終目標」だと言うくらい大切なものです。

「人類」というスケールの大きい言葉から、「難しそう」と敬遠してしまう人もいるかもしれませんね。

そもそも、アドラーは、軍医の時代に「なぜ人々は殺し合わなければいけないのか」と疑問に思い、「どうすれば人は幸福を得ることができるのか」を考えました。

そして、行きついたのがこの共同体感覚でした。私はアドラーの考え方に共感し、この考え方こそ幸せになるための秘訣だと考えています。

この共同体感覚とは、**「自分は、自分自身が所属しているコミュニティの一部であり、その中で生きている」**という実感のことで、「自分のことだけではなくコミュニティのために貢献しよう」という感覚でもあります。

どうしてこの考え方が大切なのか。

それは、人間が社会で生きて、人と関わって生きていく生き物だからです。

誰とも関わらずに生きていくのは不可能ではありますが、一方で、コミュニティからの疎外感が原因で悲しい事件が起きているのも耳にします。

学校でいじめにあって自殺してしまうことや、幼少期の頃に家族に愛されていなかった人が大人になって非行に走るといったことが、その例です。

やはり人間には「共同体感覚」というものが必要だと考えられます。

大事なのは、自分の利益だけではなく、他者、ひいては社会の利益のために行動し、そして周りへの仲間意識や所属感を得ることです。

**「共同体感覚が発展されればすべての困難から解放される」**

とアドラーは言います。

次に、共同体感覚を得られていると言える、「自己受容」「他者信頼」「他者貢献」「所属感」の4つについて紹介します。

### 共同体感覚を得るためにできること 1【自己受容】

自己受容とは「ありのままの自分を受け入れること」。長所も短所もすべて受け入れるということです。「共同体感覚」とは、他者との関わりであるので、自己受容ができていないと到達することはできません。私は個人的には、この自己受容が共同体感覚を得るための最初の土台になると考えています。

### 共同体感覚を得るためにできること 2【他者信頼】

他者信頼とは、周りの人を仲間だと認識し、受け入れることです。

つまり、「自分の周りにいる人は仲間だ」という感覚です。

そのためには他者のありのままを受け入れることが大切。自己受容ができると、自然と周りの人が自分と似た人と近しい存在になり、仲間意識が生まれます。

そうすると「周りの人は仲間だ」と思えて、安心感を得られるのです。

「常に周りには敵しかいない」という認識を持っている人は、まずはそう判断している自分の解釈を理解しましょう。

## 共同体感覚を得るためにできること 3【他者貢献】

他者貢献は、自己受容ができて、ありのままの自分を受け入れられ、そして周りの人と仲間意識が生まれて他者信頼ができるようになったあとに得られる感覚です。

自分を満たしていくと、「仲間に対して貢献したい」という気持ちが生まれます。

これが他者貢献となります。

## 共同体感覚を得るためにできること ❹【所属感】

自己受容、他者信頼、他者貢献の気持ちが育まれていくと、「このコミュニティにいていいんだ」という所属感が生まれます。

これらすべてが満たされると「共同体感覚」を得られるのです。

「自己受容」「他者信頼」「他者貢献」、そしてその結果、得られる「所属感」。

**この「所属感」こそ「共同体感覚」なのです。**

やはり、他者・社会へ貢献したいという気持ちこそ、自分が生きているという感覚、すなわち幸福感につながるのでしょう。

以上が、アドラー心理学の全体像です。

概念だけ聞いてもなかなかわかりづらいかもしれません。

次の章からは、いよいよ私が実際にアドラー心理学を取り入れてみてどう変化したかという実体験をお伝えします。

# 第2章

# 本当にやりたいことって、なんだろう？

――「自分軸発見」の1ヵ月目

# 「何かで人生を変えたい」という気持ちが沸き起こった

**1ヵ月目の私**

- ▼平日はひたすら仕事をして、週末にストレス発散するという毎日に「これでいいのか」と悩む
- ▼他人からの評価が気になり、自分の言いたいことが言えない
- ▼特にやりたいことがなく、充実感がない

**「これからずっとこのままでいいのかな」**

私は30歳を目前にして、そう考えていました。

というのも、20代が終わろうとしているとき、漠然と将来に対する不安が生まれて

きたからです。

それまでの私は、何不自由なく大学まで通い、家族関係も学生時代の友人関係も良好で、毎日楽しく過ごしていました。

大学を卒業してからは、会社に入社して、そつなく仕事をこなしていました。

30歳というと、入社7年目くらい。

会社の人たちは、みんないい人で、家族や友人とも楽しく過ごしていました。

しかし、「なんとなく楽しい」というだけで、充実感は得られていなかったように思います。

**それはおそらく「目的」を持って行動したことがなかったから。**

友達と遊びたければ遊び、洋服がほしければ買い、そのときどきでしたいことだけしていました。

そんな自分に気がついたのは、アドラー心理学と出会ってからでした。

## 初めて気づいた自分の本音

30歳を目前に私は、あと何十年も今の会社で働き、特に自分のやりたいこともないまま、なんとなく生きることに「このままでいいのか、いや、いいはずがない」と思うようになったのです。

そんなときにネパールに行ったことも、人生のターニングポイントとなりました。アドラー心理学にも通ずる経験だったので、少しだけお話しさせてください。

高校時代の友人がネパールで青年海外協力隊として働いていると聞き、その友人に会いに行きました（サクッと未知の世界に飛び込める、当時の自分のフットワークを褒め称えたいです！）。当時は特にやりたいこともなかったし、行ったこともない国だったので、好奇心のまま飛行機に飛び乗りました。

なぜ、このネパールでの経験が人生のターニングポイントになったのか、ふたつ理由があります。ひとつは、青年海外協力隊として働く友人の姿です。

彼は、私と同じように大学を卒業して、サラリーマンとして働いていました。

しかし、彼は自分がやっている仕事にやりがいが持てず、悩んでいたそうです。

そんなときにコーチングを受けて、自分のやりたいことが見つかり、会社を3年で退職して、青年海外協力隊として異国の地に飛び込んだと聞きました。


**「コーチングってなんだ？　そんなすぐにやりたいことが見つかっちゃうの？」**


このときに初めてコーチングというものを知りました。

友人は、とても輝いて僕の目に映りました。

全力で自分のやりたいことをやっている姿。

青年海外協力隊として収入は会社員時代よりも減っても、幸せに暮らしている姿。

そんな彼を見て「カッコいい」と素直に思ったのが記憶にしっかり残っています。

そして、くすぶっていた私の中の何かがふつふつと湧き上がっていく感覚がありました。

## 「……俺も何かやりたい」

そう思ったのです。

ネパールがターニングポイントとなった理由としてもうひとつ、ネパールの子どもたちの姿を見たことが挙げられます。

ネパールはアジア最貧国と言われていて、お湯は出ないし、電気は充分に通らず、しょっちゅう停電するといった環境でした（私が訪れた村の環境では、です）。

首都のカトマンズはまだライフラインの整備が優先されるのでいいほうですが、郊外や首都から離れた村は厳しい状況でした。友人は、そんな村で支援をしていたので、その村にホームステイさせてもらうことになりました。

そこで出会った子どもたちの姿がとても印象的でした。物理的にはたしかに貧しいかもしれません。しかし、子どもたちの目はキラキラ輝いていてまぶしかったのです。

「大きくなったらサッカー選手になる！」「学校に行っていっぱい勉強したい！」と

いう声をたくさん耳にしました。

純粋に将来の夢を語るその姿と、「やりたいことがない」と嘆いている自分の姿を照らし合わせて、ちょっとショックを受けたのです。

と同時に、子どもたちがとても羨ましく思えました。

「私も、人生をかけてやりたいことを見つけたい」、そう決心しました。

## コーチングってなんだろう？

帰国してしばらくしたあとに、また別の友人の紹介でコーチングをしている方と知り合いました。

「コーチング」という言葉を聞いて、ネパールに行っていた友人を思い出しました。

短期間で立て続けに耳にした「コーチング」という言葉。

友人を突き動かしたキッカケになった、コーチング。

コーチングについて調べると、**「自分の本当の気持ちと向き合い、想いを引き出す」「目標や成長をするためにコーチとコミュニケーションする」**という意味だと知りました。

やりたいことを探している私にとってはうってつけなのではないかと思って、さっそく、友人が紹介してくれた人の体験セッションを受けさせてもらいました。

その方が提供していたのが、まさに「アドラー心理学をベースとしたコーチング」だったのです。

この1回のコーチングセッションを受けても、自分のやりたいことは見つかりませんでした。

しかし、自分ひとりでは考えもつかなかった「好きなときに好きな場所にいたい」という想いがどんどん出てきたことに驚きました。

**コーチングというのは、クライアントの想いを引き出し、行動を促すことが目的。**

だから、「あなたはどうしたいの？」「そのことについてもっと具体的に教えて」と、質問をして、どんどん自分の気持ちを深いところまで掘り下げていきます。

これまで自分の気持ちと向き合う作業なんてしてこなかったので、この経験がとても新鮮でコーチングに興味が湧きました。

それと同時にアドラー心理学に惹かれ、勉強していくことになりました。

## 「課題の分離」に衝撃を受ける

私はそれから、アドラー心理学の考え方が好きになり、本をたくさん読み漁りました。というのも、「勇気の心理学」と呼ばれているくらい、とても前向きで、「人はいつからでも変わることができる」というスタンスだったからです。

20代を浪費して過ごしてきた私にとっては、とても勇気づけられるものでした。「30歳にもなって今さら自己投資なんて……」と思っていたのですが、アドラー心理学に勇気をもらい、「30歳になってからでも人は変われるんだ」と思えたことは行動力の源にもなったのです。

アドラー心理学を学びはじめて、実際に私が最初に取り入れてみたのは「課題の分離」という考え方でした。何よりこの考え方が私にとって一番衝撃だったのです。

**「課題の分離」とは、物事や考えに対して、「自分のこと」なのか「他人のこと」なのか分離して考えること。**

人間関係の悩みのタネは、たいていこの「課題の分離」ができていないことに起因します。

こんな経験はありませんか？

「友人がいつも待ち合わせに遅刻してきてイライラする」

「自分ばかり頑張っていて、夫（妻）は何もしてくれない」

「なんでこの人はＬＩＮＥを既読スルーするんだろう」

**これはすべて「他者の課題」に足を踏み入れ、悩んでいるのと同じです。**

そもそも、他者のことはコントロールできません。相手がどう行動するか、どんな感情を持つかを自分の思い通りにすることなんてできないですよね。

友人が遅刻するのは友人の課題ですし、家事をしないのも相手の課題です。

私自身、「なんでそんなことするの？」「この人の行動は理解できない」と思って、人間関係に悩んでいたことがありました。

でも、アドラー心理学の「課題の分離」を知り、そもそも相手のことをコントロールできないし、相手のことを理解なんてできないんだと知りました。

人それぞれ価値観は異なります。他者のことを完全に理解することなど不可能です。理解できないからこそ、人は言葉を使って対話するのではないでしょうか。

私はそれから他者との関わり方を変えました。

イライラしたり、嫌な気持ちになったりしたときに、それは自分の課題なのか他者の課題なのかを考えるようにしたのです。

人間なので、イライラするのをやめるなんてことは、急にはできません。

ただ、嫌な気持ちが湧いた瞬間、他者にその気持ちをぶつけることだけは避けるようにしています。「なんでそんなこと言うの⁉」というように、気持ちを相手にストレートにぶつけてしまうと、喧嘩になり、人間関係が悪化してしまうからです。

「課題の分離」を取り入れてから、他者に対する向き合い方が変わり、あまり人に対してイライラすることもなくなっていきました。

そして、次には**「言いたいことを言う」**ということも実践しはじめました。

私は昔から他人軸の人間でした。自分のやりたいことや言いたいことは後回しで、他者がどうしたいかを最優先していたのです。

## 自分のことを後回しにしない

「他人軸で生きる」ということは、自分の行動の主語が他人であるということ。

例えば、生まれたばかりの赤ちゃんは、他人軸で生きることはありません。

お腹が空いたらお母さんが忙しくたって関係なく泣くし、自分が遊びたいと思ったら、周りのことは関係なく思い通りに遊ぼうとします。

小さい頃は、誰もが「自分がやりたいようにやる」という「自分軸」で生きていたはず。

ですが、成長して、他人と関わっていく中で、周りの人のことを気にしはじめ、同時に他人を喜ばせようとしていき、「他人軸」が身につきます。

## 自分軸と他人軸

**アドラーの言葉**

「自分のことと他人のことをわけて考える（課題の分離）」

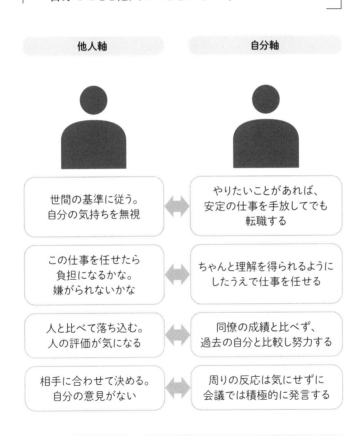

| 他人軸 | | 自分軸 |
|---|---|---|
| 世間の基準に従う。<br>自分の気持ちを無視 | ⇔ | やりたいことがあれば、<br>安定の仕事を手放してでも<br>転職する |
| この仕事を任せたら<br>負担になるかな。<br>嫌がられないかな | ⇔ | ちゃんと理解を得られるように<br>したうえで仕事を任せる |
| 人と比べて落ち込む。<br>人の評価が気になる | ⇔ | 同僚の成績と比べず、<br>過去の自分と比較し努力する |
| 相手に合わせて決める。<br>自分の意見がない | ⇔ | 周りの反応は気にせずに<br>会議では積極的に発言する |

決して他者への意識が悪いというわけではないのですが、他人に喜ばれることが転じて、「他人に評価されること」が生きがいになってしまうと、「他人に評価されていないとダメだ」と頭に刷り込まれてしまいます。

もし、他人に褒められていた人が社会に出て、これまでと異なるコミュニティに入った際に急に褒められなくなったら、その人は生きる糧を失くしてしまうでしょう。

このように、他人の評価を糧とすると生きづらくなってしまいます。

ここでもうひとつ、アドラー心理学で大切な概念をお伝えします。

それは「縦の関係」「横の関係」というものです。

アドラーは「褒める」という行為は主従関係を生み、縦の関係を構築してしまうのでやってはいけないと主張します。アドラーの言葉を紹介します。

**「褒めてはいけない。褒めることは『あなたは私よりも下の存在だ』『どうせあなたにはできっこない』と相手に伝えることに等しいからだ」**

例えば、部下が上司を褒めたり、生徒が先生を褒めたりはしませんよね。

**「褒める」という行為は、必ず上から下へ向かっていくものなのです。**

褒められる側も、上の人から褒められたら嬉しいですが、それは「認められた」と同義です。「あなたにはできる」と思っていたら「すごい」「えらい」などと褒めません。「できないと思っていたけど、できたのはすごい」と思うから、人は褒めるのです。「褒められること」に慣れてしまうと、だんだんと褒められないと不満に思い、認められない自分に嫌気がさします。その結果、褒められるために自分のやりたくないことをしたり、自分以外の褒められている人を妬んだりしてしまいます。

こうして他人軸になっていくのです。

他人軸になると、相手の反応ばかり気になり、自分の想いを伝えることが難しくなります。遠慮がちになり、相手の望むことばかりを意識してしまうからです。ですので、自分の評価の軸を他人に任せることはやめましょう。

自分の言動で相手が喜んでくれるかは相手次第です。見返りを求めてしまうと、「私はこれだけ尽くしているのに、なんで同じくらい優しくしてくれないの？」と勝手に嫌な気持ちを抱いてしまいます。

## かつては自分の意見に蓋をしていた

私も物心ついた頃から他人の目を気にする性格でした。

先述したように、友人と何して遊ぶか決めるのも相手任せで、自分の意見を言って嫌がられるのを避けるために、すべて友人の要望に合わせていました。

授業中には、ミスをして恥をかきたくないので発言することはなく、その癖は社会人になっても治らなかったので、会議では意見を言いませんでした。

このように「いかに友人に嫌われないようにするか」「いかに会社に評価されるか」ということばかり考えて行動していたので、相手のことを気にしすぎて何もできなかったんです。

そんな私は、アドラー心理学の「課題の分離」を知ってから、いかに自分が他人軸であったかということを思い知らされました。

他人のことを思いやることは悪いことではないし、素晴らしいことです。

しかし、それが自分の我慢の上に成り立っているものなら、自分を苦しめてしまうだけ。自分に優しくできない人は他人にも優しくできません。

我慢して他人に優しくしても、その優しさは長続きしないでしょう。

**まずは自分に優しくしよう。**
**一番に自分を優先しよう。**

そう決めて、本当に些細なことから私は課題の分離を取り入れていきました。

・友人と遊ぶときに行きたいところを言ってみる。
・行きたくないときは会社の先輩からの飲み会の誘いを断ってみる。
・人と話すときに自分の気持ちを正直に伝えてみる。
・コンビニの店員さんの目を見てお礼を伝えてみる。

もしかしたら、私の行動によって相手が不機嫌になるかもしれないし、鬱陶しいと思うかもしれない。

でも、やりたいのならやってみる。これを日々実践していきました。

すると、相手の反応は意外によかったのです。お誘いを断っても「そうか。わかった。また行こうね！」と、案外あっさりしています。

この経験から**「自分のことなんて案外誰も気にしちゃいない」**と考えるようになりました。


**自分のことは自分の課題。**

**他者のことは他者の課題。**

**他者がどう思うかはその人次第。**


これまで自分のやりたいことなんて考えたこともなかった私が、課題の分離を取り入れていくうちに、「やりたいことってなんだろう」という思考に変わっていきました。

また、ふだんから些細な「やりたいこと」をこなしていくと、自分の人生を自分でコントロールしている感覚がわかっていき、少しずつ毎日が充実していきました。

でも、ひとつ注意点があります。

課題の分離を取り入れていくと、壁にぶち当たることがあります。

例えば、職場で他人に仕事を丸投げして自分だけ先に帰るといったことや、夫婦関係で家事を押しつけるといったような、嫌なことをされたとき。

行動しているのは他人なので「これは○○さんの課題だから私は我慢しないといけないんだ」と考える必要はありません。

逆もしかりで「これは私のやりたいことなので、相手のことなんか関係ない」と自己中心的になってしまうのも避けるべきことです。

これは課題の分離の間違った使い方です。

第1章でも書きましたが、課題の分離は自己中心的なものでもなく、他者を見捨てて見切ったりすることでもありません。

**他者の課題でも自分にも関わってくるもの**（**特に危害があるもの**）**であれば、それは共通の課題となります。**あなたが我慢する必要はありません。

まずは「あなたの気持ちもわかるけど、私はあなたの行動で傷ついているから、やめてほしい」と、相手を尊重しつつ、自分の気持ちを伝えること。

それでも解決できない場合は、環境を変えてこちらから逃げるしかありません。

課題の分離は「自分は自分」「他人は他人」というような単純なものではないです。

あなたの想いも大切にしつつ、他者との関わり方を見直す指標にするべきです。


もう少し課題の分離についてお伝えしたいことがあります。

私はこの「課題の分離」を取り入れてから、自分は何が心地よくて、何に嫌な気分になるかがわかるようになりました。

人間関係で悩んだり、人に対してイライラしてしまうときは、たいてい自分の価値観を相手に押しつけ、他人の課題にずけずけと足を踏み入れているときです。

「遅刻した友人にイライラする」というケースで考えると、「遅刻はするべきではない」という自分の価値観を相手に押しつけているということ。

「遅刻することがダメ」というのは一般的な感覚かもしれませんが、万人に共通する感覚ではありません。

実際に私は友人に遅刻されても「読書する時間が増えたからラッキー」と思うくらいでまったくイライラしません。**常識なんてものは単なる多数派の意見です。**

自分の中の常識を見つけられるのも、課題の分離を取り入れるメリットでもあります。

自分が何を大切にしているか、どんなことに価値を置いているかを知ると、自分が心地よくなれる方法や、イライラしてしまうポイントもわかります。

## 大事なのは「ビリーフ」を見つけること

ビリーフとは心理学用語で「信念」「価値観」という意味です。

自分の価値観を知るためにオススメなのは、「〇〇べき」という言葉をたくさん書き出してみることです。

「〇〇べき」と思っているということは、とても大切な価値観になっているものです。

「人には自分から親切にするべき」

「会社とプライベートは切り離すべき」

「食事は残さず食べるべき」

など、どんなことでもいいので思いつく限り書き出してみましょう。

そうすると、自分の信念、価値観がわかります。

そして、イライラしてしまう出来事があったときに、

**「なんでイライラしてしまったのだろう」**

**「どんなビリーフに反していたことが起きたのだろう」**

と考えると、悩みのタネがわかり、とてもスッキリします。

そしてそれは自分自身のビリーフだと知ることができれば、それを他人に押しつけていることに気がつき、「私が勝手にイライラしていただけなんだな」と落ち着くことができます。


私の事例を紹介します。私は基本的に何事にも返信はすぐにするタイプです。

それは「相手を待たせてはいけない」「信頼を勝ち取るにはスピード感が大事」と

いう私自身のビリーフがあるからです。

　アドラー心理学の「課題の分離」を知る前は、私のビリーフを相手に押しつけ、返事が遅かったり、いわゆる「既読スルー」をされることにもイラッとするタイプでした。

「なんで読んでいるはずなのにすぐに返事しないんだ？」と思ってしまう……。

　しかし、こんな些細なことも、課題の分離を取り入れることで「勝手に自分のビリーフを押しつけていたな」と反省し、今ではまったく気にならなくなりました。


　このように、アドラー心理学で初めて取り入れた「課題の分離」で、私は自分の大事にしている価値観に気がつき、少しずつ他人軸から解放され、自分の主張もできるようになってきました。そして、人間関係での悩みも軽くなったのです。

　そして、少しずつ自分の基盤が整ってきたら、次は「認知論」を取り入れていきます。

# 自分の世界の見方を知る

アドラーの「認知論」とは、**「人は世界を自分の見たいように見ている」**という考え方です。

誰にもそれぞれ価値観があり、思考の癖があり、性格があります。

そうしたフィルターを通して物事を解釈しているということです。

第1章で**「ピンク色のレンズの眼鏡をかけている人は、世界がピンク色だと勘違いしている」**というアドラーの言葉を紹介しました。

出来事はたったひとつしかないのですが、人によって無数に解釈は存在します。

私が体験したお話を紹介します。

複数人の友人とご飯を食べていたときのことです。

友人のひとりがコップを倒して飲み物をこぼしてしまいました。

とっさにコップを持ち直しましたが、半分ほどこぼれています。そのときに、みんなが「あー、もったいない」「大丈夫?」と声をかけている中、ひとりだけ「半分も残っているじゃん! よかったね!」と声をかけた友人がいたのです。

「半分も入っている」と言ったその友人は、どんなことが起きても前向きに考えられ、幸せに生きるための感性を持っているように思い、感心しました。

同時に、こうしたポジティブな解釈ができる人は、どんなことがあっても楽しく乗り越えられる人なんだと思いました。先ほど紹介した松下幸之助さんの話の「運が良い」と自分で思えている人に当てはまりますよね。

私自身も、アドラー心理学の「認知論」を知り、「やりたいことを探す前に、まずは自分がどのように世界を見ているのかを知ろう」と掘り下げてみることにしました。

何不自由なく暮らしていたけど、人生をかけて取り組むようなやりたいこともないまま、この先何十年も過ごしていいのだろうかと迷っている。

そんな私は自分自身をどう捉えているのか。

これまでの経験をどう捉えていて、今の世界をどう見ているのか。

このようなことをじっくり考えて、自分がどんな色眼鏡をかけているのかを知っておく必要があると考えました。

アドラーの言葉を借りて言うと、**「ピンク色の眼鏡をかけていたら世界がピンクだと勘違いしてしまう」**からです。

人は、自分が見たいように世界を見ています。

「人生って素晴らしい」と考える人もいれば「人生なんてくだらない」と考える人もいる。もっと言うと、「車って便利」って考える人もいれば「車はお金がかかって不便」と考える人もいます。

万人に共通する事実などないということ。

全員がそれぞれの価値観という眼鏡を通して解釈しているだけ。

また、人間の脳には「RAS」（網様体《もうようたい》賦活系《ふかっけい》）という機能もあります。

これは何かというと、「脳はその人の関心事に関係する情報を仕入れようとする」という機能のことです。一言で言えば、「フィルター」のような役割をしています。

車が好きな人は道行く車に注目しますし、子どもができると今まで以上に小さな子に目が行くようになります。これは「RAS」という機能が働いているからです。

記憶に携わっている脳の海馬も、「繰り返し入ってくる情報」を大事な情報だと判断するので、言ってしまえば、脳は、自分に都合のいいことばかり考えていると、その通りの情報を仕入れようとします。

だからこそ、自分の認知を知ることはとても大事で、自分の認知を知ったうえでどこを目指していくべきかを考えるのはもっと大事だということです。


**「あなたの見方はあなた独自のもの」**


「周りは敵だらけ」だと感じていたとしても、それはあなたの解釈でしかありません。

自分の意思で変えていくことができます。

そしてアドラーはこうも言います。

**「重要なことは人が何を持って生まれたかではなく、与えられたものをどう使いこなすかである」**

自分の解釈がどんなものかを知ったら、次はそれをどう使うか考えればいいのです。
自分の見方や解釈を知るためには過去を振り返る必要もあります。
人によってはその作業が苦痛に感じる人もいるでしょう。
思い出したくない過去もあるかと思います。
でも、自分の過去がどうであれ、それを嘆く必要はありません。
その解釈をも変えていけるのがアドラー心理学です。

## 「自分の解釈」に気づくための2つの質問と3つのアクション

私自身も、自分の解釈を知るために、たくさんのセミナーやコーチングのイベントに参加をしたり、年間で100冊もの本を読んだりしてきました。
コーチングについても、著名な本から数冊読んだのですが、やはり実践したいと思い、コーチングスクールに通うことを決めました。

その中で私が実践して役に立ったワークを紹介します。

**質問1 「小さい頃（できれば小学生まで）に一番印象に残っていることは？」**

アドラーは**「ライフスタイル（性格）は10歳頃で完成される」**と言います。

小さい頃の経験や、そこで感じたことが性格を形作る要素となるのです。

そして「印象に残った」ということはあなたの感情が動いた証拠。

今のあなたの価値観を見つけるヒントになるはずです。

もし、どうしても思い出せないという人は、親や先生、友達など、ほかの人に言われて心に残っている言葉などでもいいでしょう。

私の場合は、小学生の頃、全校生徒（当時600人くらい）の前で、運動会の演奏の指揮者をしたことがとても印象に残っています。

当時は緊張して嫌で嫌でしかたなかった記憶があります。

また、私は幼稚園から英会話も習っていました。学生のときに大勢の人の前でひとりずつスピーチをする発表会があり、本番は頭が真っ白になり、まったく話せなかった経験もありました。

私は人前で話すことに苦手意識を持っていましたが、これらの経験が、今の価値観の要因だと気づきました。

また、他人の目が気になる性格だったのも、「周りの人は常に自分を見ている」という思い込みがあったからでした。

**だからこそ「他人の目を気にしてばかりいたんだな」と自分の解釈に気がつくことができたのです。**

今では、「周りの人はあまり自分のことなど気にしていない」と思えるようになったので、人前に出ることに苦手意識もなくなりました（これはアドラー心理学の「目的論」で実現できたので、また後ほどお伝えしていきます）。

あなたの印象に残っていることはなんでしょうか。そして、それは今のあなたの見方にどう影響しているでしょうか。書き出してみましょう。

過去を掘り下げてきましたが、次は現在の見方を考えるうえで必要なワークを紹介します。

## アクション1 ジャーナリングする

ジャーナリングとは、思いつくままにノートに感情や思考を書くことです。

例えば、次のような感じです。

「今日は仕事でミスをして、周りに迷惑をかけてしまった。今思うと、慌てすぎていたし、その後の対応も悪かったのは反省。正直、自分のダメさ加減にイライラした……。でも、今落ち着いて振り返ると、事前に対策はできたと思うし、次同じことをしないように、もっと意識していこう。周りの人たちが助けてくれたことに感謝」

誰にも見られないので好き勝手に書きましょう。心の整理にもつながります。

今日あった出来事でもいいですし、それに対する感情でもいい。ジャーナリングは今のあなたが何を感じているかを知るためにとても役立つツールです。

書き方や定型は特になく、真っ白なノートに書き殴るのでもOK。

ジャーナリングしたノートは、見返すと自分がどんなときにどんな感情が浮かぶのかが見えてくるのでオススメです。まずは1ヵ月続けて振り返ってみましょう。

私はこれを続けて、「あ、また自分同じことで凹んでいるな」とか「こういうときに喜びを感じているんだな」ということが把握できるようになってきました。

ジャーナリングは自分を知るツールにもってこいです。

### 質問2 「最近何に一番お金を使っている？」「一番時間を使っていることは何？」

お金と時間。これは人によって使い方が多種多様です。そして人生でとても大切なものです。それほどまでに大切なお金と時間を使う対象というのは、あなたにとって価値のあるもの。何を大切にしているのか、その傾向がわかります。

私の場合は、大学時代は好きなバンドのライブにばかり行って、チケット代や遠征費にほぼお金と時間を費やしていました。

しかし、今では、本やセミナーにシフトしています。趣味で自分を満たしていた学生時代から、自分の成長にお金と時間を費やすように変わっていきました。

このように、お金と時間に着目すると、自分の価値観や大切にしているものがわかります。

## アクション2 ビリーフを探る

これは先ほど「課題の分離」のところでも出てきた話です。

「〇〇べき」という言葉をいくつも書き出してみましょう。

自分がどんな眼鏡を通して物事を見ているかがとてもよくわかります。

できれば、友人にもやってもらって自分と比較すると面白いです。

人は自分のことを客観視することはできません。

必ず自分の主観が入るからです。

友人とシェアすることでさらに見えてくることがあると思いますので、可能な限り比べてみましょう。

私の知り合いで「どんなことでも、お金になるかならないかを重視するべき」という人がいました。

「なぜ、そこまでお金に執着するんだろう」「お金にならなくても趣味としてやればいいんじゃない?」と思ったのですが、この人なりにきっかけがあってそう感じたのでしょう。

このように、人と比べることで自分の当たり前がそうでなかったことに気がつくことができます。

## アクション3 長所と短所を書き出す

自分の長所だと思っていること、短所だと思っていること、それぞれ書き出してみましょう。

長所も短所も単なる特徴でしかなく、それを「長所」だと捉えているのはあなたの見方です。

**「短所」だって見方を変えれば「長所」にもなり得ます。**

例えば、「マイペース」という特徴だって、人によっては長所と考えている人もいれば短所と考えている人もいます。

実際に、私が自分自身の「長所」と「短所」をどう捉えているかを紹介します。

## 長所

▼楽観的
▼好奇心旺盛
▼人の話を聴くのが好き
▼妥協しない
▼寛大
▼常に笑顔
▼誰にも怒らない
▼文章を書くのが得意
▼営業歴10年以上
▼面倒見がいい
▼多趣味

## 短所

▼忘れ物が多い
▼鈍感
▼集中力がない
▼掃除が苦手
▼だらしない
▼興味のないことには無関心
▼空気を読まない
▼物をよく失くす
▼人から指示されても嫌がる

ざっと自分を振り返ってみるとこんな感じでした。この長所と短所も「認知論」で考えれば、単なる特徴であって、良いも悪いもなく、この特徴を長所と捉えたり短所と捉えたり、その解釈をしているのは自分自身だということです。

以前、私が通っていたコーチング塾で、これを利用した面白いワークをしました。それは**「短所の書き換え」**です。「短所」は自分では欠点と思っていても、それは自分の決めつけであるということを理解するためのワークです。

やり方は簡単で、短所を長所に言い換えます。

例えば、私の「忘れ物が多い」というのは、自分では短所と捉えていますが、「物に執着しない」「自由に生きている」という長所にも捉えられますよね。

こんな言い換えを複数人（私のときは3人）でワークとして実施し、私が短所だと思っている特徴を、ほかの2人にポジティブに言い換えてもらいました。

短所なのに褒められるのは心地よかったです。

長所も短所も自分で決めつけているだけのことで、そのものには意味はありません。

## 短所の書き換え

アドラーの言葉

「重要なことは、何を持って生まれたかではなく、
与えられたものをどう使いこなすかである」

| 短所 | | 長所 |
|---|---|---|
| 忘れ物が多い | → | 今の自分に集中している |
| 鈍感 | → | 周りを気にせずに自分らしくいる |
| 集中力がない | → | すぐに別のことに取り組める |
| 掃除が苦手 | → | 周りの環境に左右されない（汚くても気にならない） |
| だらしない | → | ありのままの自分を受け入れている |
| 興味のないことには無関心 | → | 自分の「好き」を貫いている |
| 空気を読まない | → | 自分の解釈や価値観を大切にしている |
| 物をよく失くす | → | 執着がない |

以上、いくつかワークをご紹介しました。これらのワークを通して、今の自分の見方、解釈を知りましょう。アドラーの言う「認知」、自分の「眼鏡」がわかります。

私自身、自分のことをどう捉えていて、周りの人のことをどう捉えているか、理解できるようになりました。

あなたの「認知」はどんな眼鏡でしたか？

自分の「快」「不快」を理解しておくと、挫折せずに継続することができます。

第２章まとめ

1ヵ月目の変化

▼コーチングを通してアドラー心理学と出会った。

▼他人軸だったことに気がつき、少しずつ自己主張もできるようになっていった。

▼自分が何を大切にしているのかを知ることができた。

column 1

# 「アサーション」で気持ちを伝える

なかなか自己主張ができないという人は「アサーション」を意識しましょう。

「アサーション」とは、コミュニケーションスキルのひとつで、他者への配慮をしつつも、同時に自分の主張もする話し方のことです。

オススメなのが「I（アイ）メッセージ」で伝えること。

「私は○○だと思う」という表現です。

**人間は自分のことをコントロールされたり、尊厳を傷つけられたりすることを嫌います。**

**「Iメッセージ」であれば、「あくまで私はこう思う」と伝えられるので、否定された気持ちを相手に持たせずに自分の気持ちを伝えることができます。**

「Iメッセージ」の逆の「Youメッセージ」で伝えると「あなたは○○だ」と他者そのものに言及することになります。これが否定的な意見であれば、相手自身を否定していることになるので嫌な気持ちになるでしょう。

例えば、遅刻癖のある友人に困っているなら、「遅刻する癖は直したほうがいいよ」ではなく「遅刻するのは、されたほうも迷惑になるから、個人的に直したほうがいいと思うよ」という言い方に変えてみるのです。

微妙なニュアンスの違いですが、前者は相手の癖そのものを否定していますが、後者は「個人的に直したほうがいい」という自分の気持ちを伝えているにすぎません。

後者だと相手は少しムッとするかもしれませんが、自分自身を否定されているわけではないので、そこまで嫌な気持ちにはならないはずです。

もともと私は、自己主張ができない性格でした。

だからこそ、この「やんわりと伝える」アサーションはとても役に立ったのです。

# 第3章

# やりたいことをやるって、どういうこと？

## ——自分を「人生の主人公」にできた2～3ヵ月目

## 「主体性のない生き方」だったことに気づく

**2〜3ヵ月目の私**

- ▼まだ、やりたいことが見つからない
- ▼他人と比較して劣等感を抱くことが多い
- ▼自分自身のライフスタイル（性格）をよく理解していない

**「人間は自分自身の人生を描く画家である」**

アドラーのこの言葉は、アドラー心理学の本質を捉えた言葉でもあります。
私は初めてコーチングの体験セッションを受けたときに、アドラー心理学をベースとしているそのコーチにこう言われました。

**「自分の人生の主人公は自分」**

最初聞いたときには、「わかってはいるけどピンとこない」という感じでした。

今となっては、その重要性と本質が身に染みてわかります。

これは先のアドラーの言葉と同義です。

## 「人生の主人公は自分」とは？

アドラー心理学の「自己決定性（主体論）」では、「自分の人生は自分で決められる」と言います。

「やりたいことがあるけど、親が許してくれない」

「お金がないからできない」

「家族に負担をかけてしまうからどうしようもない」

そんなふうに考えて、自分のやりたいことを我慢している人は、自分の人生を他人に描かせているのです。

たしかに外的要因がハードルとなることもあるでしょう。

しかし、本気でやりたいことであれば、誰の反対があろうが、お金がなかろうが、なんとかするものです。

アドラーから言わせると**「やれないのではなく、やらないという選択をしている」**だけだということです。


私は、アドラー心理学を取り入れた1ヵ月目で、自分の快・不快や、好き・嫌いがわかり、自分の大切にしている価値観にも気づくことができました。

そのうえで2ヵ月目では、さらに「自分の人生を自分で描けているだろうか」と考えることにしたのです。

しかし、やりたいこととして思い描いた「好きなときに好きな場所にいる」「そのために仕事を変えるべきか」を考えたときに、真っ先に、

**「家族はどう思うか」**

**「周りからはなんて言われるか」**

ということが頭に浮かびました。

まだまだ自分以外のことが気になる、他人軸の生き方でしたが、1ヵ月目で「課題の分離」を意識して、少しずつ自己主張したり、言いたいことを言ったりするうちに、人生を自分でコントロールしている感覚が身についていきました。

## 自分で自分のことを決める

先述したように、私は、幼少期から他人の目を気にして、自分がやりたいことよりも、他人が喜ぶことを前提に行動してきました。

学校で委員会の役割を決めるときも、ほかの人がやりたいことをやれるように最後まで希望を出さず、余った役割を自分で担うようにしていました。

習い事も、ほかの人もやっているからという理由で、なんとなくスイミングとサッカーを始めました（サッカーは今でも大好きなスポーツになりましたが）。

大学での授業選びも、友達が選んだ授業を自分も選択したり……。

今、振り返ると、「自分でちゃんと選んだことって何かあったかな」と思い出せないくらい、すべて他人軸で物事を決断して行動してきたように思います。

正直、「もっと好きなことを勉強しておけばよかった」「もっと人脈を増やして、いろんな人に会って刺激を受けておけばよかった」という想いはあります。

最初は後悔もしていましたが、これも自分が選んだこと。

アドラー心理学の「自己決定性」で、自分自身で決めて歩んだ人生なんだと思えるようになりました。

**過去の自分が今の自分を作り出しているのなら、今の自分を変えることで、未来の人生をも変えることができる。**

これまでの人生を後悔している人こそ、これからの人生を変えるエネルギーがあると私は思っています。

なぜなら、「こんなんじゃダメだ」という想いもエネルギーになるからです。

そもそもアドラー心理学は**「やわらかい決定論」**と呼ばれています。

「やわらかい」というのはどういうことかというと、「完全にすべて自分で決められる」とは言っていないことです。

哲学用語で、「過去があるから今の自分がある。今の自分は過去の自分が影響しているから変えることができない」という「決定論」があり、その対義語として、「遺伝や社会にも制限されずにすべて自分で決められる」という「自由意志論」があります。

**アドラー心理学は、その中間の「やわらかい決定論」に該当します。**

というのも、アドラーは自身が病気だったこともあり、遺伝や身体的劣等性についても述べていて、少なからずそういった外的要因に影響を受けると考えたからです。

ただ、その中でも自由に決められる権利もあると主張しています。

もし、遺伝で影響を受ける身体的特徴や病気など、物理的な要因によって不可能なことであれば、それを曲げる必要はありません。

自分が今持っているもので、できることを考えればいい。

私がアドラー心理学の好きなところは、こうした柔軟性にあります。絶対に「なんでも自分で決めてやることができる」と言っているわけではないということです。

「必ず」という言葉はアドラー心理学の思想の中ではほとんど出てきません。

ゆるく考え、自分なりに落とし込むことができるのも、アドラー心理学のメリットだと感じました。

## そこに意思はある？

ほかにも「自己決定性」のメリットとして「自分の人生に責任が持てる」ということもあります。

例えば、親に言われて家業を継ぐ人がいたとします。

心からその仕事をやりたいと思っていればいいのですが、強制されてその仕事をやることになったなら、おそらく事業が失敗した際は親のせいにしてしまうでしょう。

また、事業がうまくいっても、これまでの実績のおかげだとするなら、果たして自分の力だったのか、なんて悩むことがあるかもしれません。

**このように、自分のことは自分で決めていないと、成功しても失敗しても自分の成**

**長のためにはならないのです。**

基本的にコーチングというものは、クライアントにアドバイスをしません。
それはコーチのやり方がクライアントに役立つかどうかわからないからです。
仮にクライアントから「学習時間が取れずに悩んでいます」という相談を受けて、「朝活して時間を確保しましょう」と言ったとしても、クライアントが早起きが苦手な人だったら、そんなアドバイスは役に立ちませんよね。

このように、アドバイスというのは他人が決めたことなので、それを鵜呑みにしても自分のためにはなりません。

**「自分の人生を生きている」という感覚を味わうためには、他人が決めたことではなく、自分で決めたことで生きることです。**

それにはもちろん責任はついて回りますが、自分の人生に責任を持ててこそ、人生を楽しむことができるはずです。

「自己決定性」についてもう少し深掘りします。私が個人的に衝撃を受けたことに、**「感情はすべて自分で決めている」**という考え方があります。

というのも、それまでの私は、「人間は感情的な生き物で、感情とは自然と生まれてくるものだ」と思っていたからです。

しかし、**「人間は自分の目的に沿って感情を引き出している」**というのがアドラーの考え方です。

最初は納得できなかったものの、職場での実体験でそれを思い知らされた経験がありました。

私の職場に、すぐにカッとなって怒鳴る人がいるのですが、その人が、部下に怒鳴っている最中に電話がかかってきました。

よほど大事な人だったのか、その電話を手に取った瞬間、今まで怒っていたのが嘘のように普通に話しはじめたのです。

このように、人は自分の好きなように感情を引き出すことができます。

「ついカッとなって怒鳴ってしまった……」と言う人がいますが、それすらも自分で選んでいるということです。

アドラーの言うように、怒りは「相手をねじ伏せよう」「相手をコントロールさせよう」「自分の威厳を見せよう」という目的があって、その人が選んだ感情なのだと気づきました。

「ついカッとなる」なんて、一見感情をコントロールできない人のように思えますが、「相手をコントロールしようとする」という目的を手放せば、怒鳴ることはなくなるのではないでしょうか。

アンガーマネジメントや「怒り」についての本には、「怒りは二次感情」と書かれています。

つまり、「相手をコントロールして優越感に浸りたい」「寂しいから構ってほしい」という一次感情があり、二次感情である怒りがあらわれているのです。

この考え方が身についてからは、私は「人に対して怒る」という感情がほとんどなくなりました。

これには正直驚いています。

昔は、自分のことを短気だと思っていました。ふだん、自分でなんでもコントロールしようとしていたのか、思い通りにいかないとすぐにイラッとしていました。

でも、「課題の分離」で「相手をコントロールできない」ということを知り、それを手放したことで、他者に対する怒りも湧かなくなったのです。

## ライフスタイル（性格）を考え直す

**「これまでが自分で決めて選んだ人生なら、これからの人生も自分で決めることができる」**


「自己決定性」が身についてからは、これからの人生をそう捉えるようにしました。

アドラー心理学は「勇気の心理学」と言われるだけあり、当時の私はとても勇気をもらいました。

アドラーは性格を「ライフスタイル」と呼ぶということは先ほどもお伝えしました

が、自分のライフスタイル（性格）を考えることも、とても大切です。

なぜなら、過去にどんな価値観で育ってきたのかを測る指標になるからです。

それを知ったうえで、この先どうしていきたいのか見定め、ライフスタイル（性格）も変えていけるということです。

アドラーが言うライフスタイル（性格）には、３つの要素があります。

・自己概念――自分のことをどんな人間だと考えているのか
（例：「私は○○である」）
・世界像――周りの人や環境のことをどう捉えているのか
（例：「世の中の人々は○○である」）
・自己理想――自分や周りの環境がどうなってほしいのか
（例：「私は（もしくは世界は）、○○でなければならない」）

「自己概念」は、例えば「私は父親だ」「私は主婦だ」という役割から、「私は引っ込み思案だ」とか、「私はトークスキルが高い」「私は人付き合いが苦手だ」という特徴まで、さまざまなことを指します。

「世界像」は、例えば「周りの人はみんな優しい」「世間は冷たい」「周りは優秀な人が多い」という自分以外に対する認識のことです。

「自己理想」は、例えば「私はお金持ちになる」「私は出世すべきである」「私はひとりで生きていくべきである」「家族は仲良く暮らすべきである」というような理想のことです。

このように、**「自分のことをどう認識していて、周りのことをどう認識しているか、そして自分と周りを含めてどうなっているのが理想なのか」**という3つの概念を認知し、必要に応じて見直していけば、「ライフスタイル（性格）」を変えることができるとアドラーは考えます。

そして、この3つの概念には家族との関係が大きく影響していきます。

家族は子どもが人生で初めて所属する共同体です。

子どもにとっては「家族＝世界」なのです。

世界の縮図になっている家族との関係で、自分はどんな人間なのか、周りはどんな人たちなのか、何が良くて何が悪いのかということを学んでいきます。

家族やきょうだいとの関係を思い出し、考えてみましょう。

ちなみにアドラーは、近しい年代だと競争心が生まれるため、両親よりもきょうだいのほうが大きく影響を受けると言います。

こうした家族での自分の配置図をアドラー心理学で「家族付置《かぞくふち》」と言います。

あくまで傾向ですが、第一子は「注目を集めたい」「周囲の期待に応えようとする」「支配的傾向にある」と言われ、末っ子は「寂しがり屋」「自己流を貫く」「誰かに何かをしてもらうのが当たり前に感じる」などの特徴があります。

私は長男ですが、第一子の特徴の「周囲の期待に応えようとする」に当てはまります。また、「年下の面倒見もいい」とよく言われますが、これも第一子の特徴なのかもしれません。

しかし、忘れてはいけないのが、いずれも単なる影響であって決定事項ではないということ。ポイントは、先ほども出てきた「やわらかい決定論」です。

**人生は、自分で描くことができる。**

自分のことは自分で決められる。これがアドラー心理学の思想なのです。

このライフスタイル（性格）を考えていく中で、私自身は次のように考えました。

### ◆私のライフスタイル（性格）の自己分析

私の分析は次の通りです。

・自己概念……「穏やかである」「マイペースでのんびりしている」「競争は嫌い」「好奇心旺盛」「教えたり説明したりするのが得意」「人の話を聞くのが好き」「引っ込み思案である」など。

・世界像……「世間は私になんか興味がない」「世の中に気が合う人は少数である」「人々は争いが絶えない」など。

・自己理想……「人はみんな、仲良くするべきである」「世の中に貢献しなければならない」「私は成長し続けなければならない」など。

これらを通して自分のライフスタイル（性格）を考えてみると、「あまり人付き合いはうまいほうではないからこそ、少数で深い人間関係を築けるつながりを大事にしている」と気がつきました。

関わってくれている人に対する親密さは、かなり濃いと自分でも思います。反対に、波長が合わない人とはすぐに関係が薄くなります。

また、「争いごとが好きではなく、みんな平等でありたい」と思っていることにも気がつくことができました。

こうしたライフスタイル（性格）をベースとして「今後のやりたいこと＝目的」を見据えていきたいと思いました。

「自己理想」の通りの未来を創りたいのであれば、このライフスタイル（性格）に沿って行動すればいいですし、自分の目的によっては、このライフスタイル（性格）をも変えていくことができると言えます。

## やりたいことをやりはじめる

34ページの「自己決定性」を取り入れることで、「自分で自分のことを決められる」ということを知り、ライフスタイルを考えることで、「自分がどんな人間なのか」を考えてきました。

次は自分の目的ややりたいことについて考えていきます。

私は、なんとなくみんなが大学に行くから大学に行き、みんなが就職活動をしているから会社員として働きはじめていたのですが、そんな理由ではなく、自分の意思で決めたことをやってみたいと思うようになりました。

**「自分の人生の目的ってなんだろう？」**
**「やりたいことってなんだろう？」**

そう考えてから、今の仕事以外にも活動を始めたのです。

もともと自然が好きであり、社会に貢献したいという「自己理想」(先ほど出てきたライフスタイルを考えるときの3つの要素のひとつです)もあったので、私はボランティア活動を始めました。

東日本大震災の復興支援、子どもたちと遊ぶキャンプや、イベントの運営スタッフなど、いろんなボランティアをしてきました。

ほかにもキャンプインストラクターの資格を取得したり、アウトドアスポーツのインストラクターにも憧れ、アクティビティをたくさん体験したり……。同時に野外活動で仕事になりそうなものを探していました。

しかし、活動そのものは楽しかったのですが、いまいち仕事になる感覚がなくて、先には進めませんでした。

うまく言葉にできないのですが、なんとなくピンと来なかったのです……。

それでも、今まで仕事以外の活動といえば、友人と飲みに行くか、好きなバンドのライブに行くくらいしかなかったので、**「自分で決めたことをする」**という行動に充実感がありました。

今でも、どんなことをしてきて、どんな気持ちになっていたかをありありと思い出せます。

反対に、ただなんとなく会社員として働いていた入社して5年目くらいまでは、何をしていたのかまったく思い出せません……。記憶や印象に残っていないということは、それだけ他人軸で過ごしていたんだと実感しました。

さらに、もっとほかにやりたいことはないのかを考え、それまで受けていたコーチングを自分でも学ぶことにしました。

自分のライフスタイル（性格）を考えた際に、「人の話を聞くのが好き」という点に気づいたこと、また、コーチングを受けて、「目的論」をもとに考えるようになったことで、コーチングを自ら提供することもやりがいになりそうだと感じたからです。

そうして、コーチングスクールに申し込みました。

当時の私にとっては数十万円を払って自己投資することは、とても勇気がいることでした。

また、当時はスクールまで新幹線を使わないと通えない距離だったので、交通費も時間もかなり投資することになります。

これまでが娯楽中心のお金の使い方でしたが、自己投資に大金を使うようになり、「自分も変わったな」と感じたのを覚えています。

なぜ、そんな投資を決断することができたのか。これもまた「自己決定性」と「認知論」が自分の中にしっかり落とし込まれていたからだと思っています。

最初は、自分のやりたいことを考えると、どうしても「家族が」「会社が」「周りの人が」と他者が頭に思い浮かびました。

でも、それは他人に自分の人生の舵取りをさせているのと同じだと気がつくことができたのです。

**「もし、誰からも何も言われないとしたら、どう過ごしたい？」**
**「もし、時間もお金も無制限に使えるとしたら、何をしたい？」**

これは、コーチングでもよくする質問です。

人は、さまざまなしがらみにとらわれています。

「時間がない」「お金がない」「家族が許してくれない」など、制限される要因はたくさんあるでしょう。

でも、本当にやりたいことは、そうした制限を取っ払ったときに出てくるものです。

私自身、コーチングを受けた際にこのような質問をされて、「好きなときに好きな場所にいることが私の理想」という本音に気づくことができました。

私は、新しいことが大好きで、同じ場所にとどまっていることが苦痛です。

そして、誰かに指示されたり、催促されたりするのも苦手で、よくコーチとのセッションでも「自由でいたい」という言葉が出てきました。

ですので、「場所にとらわれずに働くこと」が自分の理想なのだと気がついたのです。

# 自由でいたい。でもどうすればいい？

やりたいこととしてコーチングを選んだ理由のひとつに、「場所にとらわれず、自分の好きな場所で働けるから」ということがありました。

なぜなら、パソコンやスマホのオンライン通話でセッションはできるからです。

・人の話を聞くのが好き
・自由に好きな場所で仕事ができる
・クライアントと1対1なので、より貢献感を味わえる

第2章で自分と向き合ってきて見つけた、この価値観や性格に合致し、理想の過ごし方も実現できるコーチングは、「自分のやりたいことに間違いない！」と確信でき、だからこそ、スクールに通うことに大量のお金と時間を費やすことができたのです。

こうして、私はスクールに通って、コーチになることができました。

しかし、すぐに挫折を味わうことになります。

「コーチとして活動していく」と宣言すると、「健一を応援しよう」と学生時代の友人がふたりほどクライアントになってくれました。また、X（旧Twitter）で発信したら「コーチングに興味があるので受けてみたい」と言ってくれた方もいました。

とても嬉しかったのですが、同時期にコーチングを始めたほかのコーチと比べると、クライアントも少ないし、収入も少ない。それに、私よりあとからコーチングを学んだ人が、私よりも先にコーチングの資格を取得していく姿を目にしてきました。

そこで感じたのは「劣等感」です。あれだけ「自分は自分、他人は他人」と「課題の分離」を実践していたはずなのに、他人と自分の実力を比較してしまったんですよね……。まだまだアドラー心理学が身についてはいませんでした。

私は、「自分は自分！」と割り切るようにはしていたのですが、あまりうまく気持ちを整理できずに、「もしかしてコーチングに向いていないのかな」と落ち込むようになってしまいました。

アドラーは**「劣等感」**についても多くのことを言及しています。

**「劣等感を言い訳にして人生から逃げ出す弱虫は多い。しかし、劣等感をバネに偉業を成し遂げた者も数知れない」**

アドラーはこう言います。

また、アドラーは劣等感を「健康で正常な努力と成長への刺激」と定義しました。

**それは劣等感も原動力になるからです。**

劣等感があるからこそ向上心が湧き、行動に移すことができる。

他人との比較は一概に悪ではありません。

それをコンプレックスに感じて、行動できなくなってしまうことが悪なのです。

## 初めて劣等感と向き合う

ここで、アドラーの劣等感に対する3つの定義を紹介します。

1　器官劣等性……自分の器官が生まれつき障害などにより他人より劣っていること
2　劣等感……主観的に自分の一部を他人よりも劣っていると思うこと
3　劣等コンプレックス……自分を他人よりも劣っていることを理由に課題から逃げること

アドラー自身も病気で1の「器官劣等性」を抱いていたと言われています。

アドラーは2の単なる「劣等感」については、肯定しています。

これは他人との比較だけではなく、自分の目標に対して、到達していない自分に抱く感情も含まれています。

だからこそ、劣等感を「目標に向かってよりよく生きようとするための刺激」だと捉えているのです。3の「劣等コンプレックス」に関しては、アドラーは避けるべきこととして考えていました。


私が感じていたのは3つのうちどれだったのか。

おそらく3の劣等コンプレックスだと考えられます。

コーチングで自分の思った以上の結果が出ていなくて、「私は会社員をしながらだし、ほかの人よりも成果が出ていなくてもいいんだ」とか「別に私は資格を取りたいわけでもないし」と心の中で言い訳していたことが思い出されます。

「私には時間がないから」「仕事があるから」など、何かにチャレンジするときに言い訳することはよくあるでしょう。

繰り返しますが、アドラーから言わせると「○○だから○○できない」というのは人生の嘘だということです。

「できない」のではなく「したくないからしていない」のです。

**アドラー心理学では「決定因」と「影響因」という考え方があります。**これはライフスタイル（性格）でも当てはまることなのですが、器官劣等性や遺伝、家族環境などは「影響因」ではありつつも、自分を決める「決定因」ではないということです。

つまり、私がほかのコーチと比較して、集客と収入という結果が出ていないことに劣等感を抱くことは「影響因」ではあるけど、それが自分のこの先を決める「決定因」ではないということです。

これを理由に行動をストップしてしまうのは、劣等コンプレックスを感じ、言い訳していているだけ。私はそれに気がついてから、他人と比較することをやめました。

そこで、私は他人と比較するのではなく、自分の目標と比較することにしたのです。

## 目標は柔軟に考えていい

他人と比較していたときは、自分がこの先どうしたいかまで考えていませんでした。

**「会社員以外で月5万円を稼ぐ」**

**「コーチングのクライアント5人集客する」**

こんな目標を立てていましたが、なんとなくで考えたものです。

だからこそ、苦戦しました。

まだ収入0円のときに、いきなり月5万円というのはイメージもつかないし、どうしたら5万円を稼ぐことができるのかも曖昧なままだったので、今思えばうまくいくはずがありません。

そこで、

**「自分は月5万円稼いで、どうなりたいんだ？」**

**「クライアント5人集客して、どうなりたいんだ？」**

こんなふうに考えるようにしたのです。

「それが叶ったらどうなれる？」「叶った自分だったら今はどんな行動をする？」という視点はコーチングでもよくクライアントに聞く質問です。

**目標は、叶ったときに自分がどうなっているのかというイメージが強いほど具現化できるものです。**

さらに、うまくいっていないときは、次のように「原因論」で物事を考えていました。

**「なぜ稼ぐことができないんだ？」**

**「なぜクライアントが増えないんだ？」**

**「何が悪いんだ？」**


こうなると、本当にやる気が湧いてきません。

モチベーションも下がり、焦りも出てきます。

当時、私は自分のコーチにいつも「今月も目標達成できませんでした」と悩みを打ち明けていました。

私は「コントロールできないことに振り回される」というのが、やる気が湧かない理由だと考えています。

「コントロールできないこと」というのは、目標達成できるかどうかを、自分ではなく外部環境に委ねてしまっているということです。

例えば、「副業で月5万円達成」や「クライアントを5人集客」といった目標は、具体的なものではありますが、あまりにこだわりすぎるのはオススメできません。

**なぜなら、この結果を得られるかどうかは自分ではコントロールできないからです。**

副業で月5万円稼げるかどうかは、最終的にはお客様が自分の商品やサービスを利用してくれるかどうかにかかっているからです。

ライフコーチとして活動しはじめたばかりの頃は、目標が達成できないために、「行動量が足りなかった」とか「私にはできないんだ」などと自己否定をしていました。

もちろん努力量が足りなかったかもしれませんが、最終的にお金を払ってクライアントになってくれるかどうかは、相手次第。

自分でコントロールできないことばかりにこだわってしまい、ゼロか百かの状況に苦しんでいたのです。

これも「課題の分離」ができていなかったことになります。

## 「月5万円」「クライアント5人」は本当に大事？

そこで私は、目標を達成したその先のイメージをより具体化するようにしました。

アドラー心理学の「目的論」では、人の思考・感情・行動すべてに目的があると考えます。

では、私の「月5万円」「クライアント5人」というのはどんな目的があったのか。

「目標を達成している自分はどんな自分か」を考えたときに、ひとつ出た答えが「自信」がほしかったということでした。

つまり、会社のネームバリューに頼らず、個人で稼ぐことで、自分だけでも生きていけるという自信がほしかったのです。

そう考えると、月に5万円だろうが1万円だろうが、3千円だろうがいくらでもよかったということにも気がつきました。

もちろん、たくさん稼げたほうが嬉しいのですが、最初のステップとしては数千円でも自信になることがわかり、肩の力が抜けました。

そうして、私は、数値的な目標を手放せました。

同時に、「クライアントを5人集客」という目標も「人に必要とされたい」という目的があることに気がつきました。

1人よりも5人、5人よりも10人のクライアントがいたほうが、必要とされている感覚を味わえそうだと思っていたんですよね。

でも、私自身が「多くの人から必要とされたい」と思っているのかを考えたときに、それは違うという答えが出てきました。

私のライフスタイル（性格）で前にも触れたのですが、私は広い人付き合いは苦手なタイプです。

**それよりも、自分と近い人の助けになりたいという想いがありました。**

5人のクライアントよりも、1人の人と深く向き合い、助けになりたい。

そんな想いに気がつくことができたので、「クライアントを5人集客」という目標も手放せるようになりました。

そもそも、私は集客という行動が苦手でした。

見ず知らずの人に知ってもらうためにホームページを作ったり、SNSでの活動に力を入れたりすることに、どうしてもやる気が湧かなかったんです……。

それなのに、多くのクライアントを見つけようとしていたために、我慢して頑張っていました。つまり、本当はやりたくないことをやっていたということです。

そこで、私は次のような目標を立てることにしました。

・集客ではなく身近な人へアプローチする（SNSなどでコーチングのメリットを発信し続ける）。

・今いるクライアントに感謝する。お金をいただけていることに感謝する。

**目標を自分のコントロールできる範囲の行動ベースに置き、数値的な目標を手放すことを意識しました。**

コーチングに魅力を感じてもらえるように、営業活動するわけでもなく、「コーチングってこんなにいいですよ～」ということを発信し続けたのです。

すると、友人からの紹介で、クライアントになってくれる方があらわれました。

## ポイントはコントロールできることも加えること

もちろん、先ほども言ったように数値的な目標も大切です。数字は嘘をつきません。やってきたことが結果としてあらわれますし、どれだけ達成したかの指標にもなります。

ただ、それだけにこだわると、心が折れてしまう人もいると思いますので、目標には自分でコントロールできることを組み込んでみましょう。

数値的な目標もありながら、同様に自分でコントロールできることも目標としておけば、「数値的な結果は得られなかったけど、それを達成するまでの行動（毎日ビジネス書を読んで勉強するといったこと）はできていたか？」ということを振り返ることができます。

結果は得られなかったけど、行動はできていたのなら、半分目標達成できたことになり、挫折感も半減します。もし行動すらできていなかったのなら、まだまだ改善の余地はあるということもわかります。

先ほども申し上げましたが、私自身、数値的な目標だけにこだわっていたときは非常に苦しかったです。

「今月もダメだった」「ちゃんと努力してきたのだろうか」という後悔に似た気持ちもありました。

しかし、そこから自分でコントロールできる目標を設定することで、モチベーションも維持したまま目標を追いかけることができるようになっていきました。

当時はまだ結果はなかなかついてきませんでしたが、凹んだり自分を責めたりすることもなくなり、次第にうまくいくようになっていったのです。

第３章まとめ

**2～3ヵ月目の変化**

▼やりたいことが見つかり、人生が少しずつ充実していった。

▼他人と比較して抱いていた劣等感を手放すことができた。

▼クライアントを増やすより、1人の人とじっくり向き合いたいと思うようになった。

column

2

# 「引き寄せの法則」で願いを叶える

本章で、**「目標は、叶ったときにどうなっているのかというイメージが強いほど具現化できます」**とお伝えしました。

これはいわゆる**「引き寄せの法則」**です。

強く思っていることが現実になるというのは、当たり前のこと。

「どうなっていたいか？」ということを考え、それをより具体的にイメージすることで、思考が変わります。

例えば、起業して自分のビジネスを成功させたい人がいるとすれば、その理想を強くイメージすること。一番手っ取り早いのが、すでに理想を叶えた人と行動を共にすることです。自分の理想の生き方をしている人と一緒に行動したり、会話したりしていくと、だんだんと実際にすでに叶えた人の思考に変わっていきます。

「自分の収入は、周りにいる5人の平均の額だ」ということを聞いたことがあるかもしれません。

人の思考も同じだと私は思っていて、起業したい人が、いつもサラリーマンとばかり関わっていたら、いつまでたっても起業の思考が身につかず、起業しないでしょう。

起業したい人であれば、すでに起業している人たちと関わったほうがいい。

私も、「場所にとらわれずに自由に働きたい」と思っていた頃は、すでに同じように働いているコーチのイベントに参加したり、イベントの参加者と連絡を取るようにしていました。

**そうすることで、「○○したい」から「○○する」に思考が変わり、だんだんと「自分もこういう働き方をして当然だ」と思えるようになっていったのです。**

これがとても大事で、「できて当然でしょ」とまでに考えられると、当たり前のように理想を叶える人の思考や行動になっていきます。

そうして私も自由な気持ちで働けるようになりました。

# 第4章

# 人付き合いで、こんなに疲れてしまうのはなぜ？

## ――「人間関係改革」の4～6ヵ月目

# 次第に周りの人までも変わっていった

4～6ヵ月目の私

▼悩みの正体がわからない
▼一緒に目的や夢を持って歩んでいく仲間が少ない
▼嫌な人との付き合いを我慢している

やりたいことが見つかったものの、なかなか成果が出ない中で、劣等感をうまく使って自分に合う目標が立てられるようになってきたこの頃。

だんだんと人間関係にも変化があらわれました。

コーチングスクールに通ってできたコーチ仲間や、同じタイミングで学びはじめた仲間たちとは、とてもいい関係を築くことができました。

やはり、同じように少なくないお金を払って自己投資するような人たちなので、気が合うのは自然な流れでした。

## 類は友を呼ぶ

コーチ仲間とは、レッスン以外にも自主練習をオンラインで行ったり、一緒にご飯を食べて夢を語り合ったり、充実した時間を過ごしていました。

これまで、会社の同僚か、学生時代の友人しか交流関係がなかったので、新しい人間関係ができていきました。


**自分がやりたいことをやりはじめると、周りの人との関係は変わってくる。類は友を呼ぶ。**

こんなことを実感していったのです。

これまでの人間関係が悪かったわけではありません。

飲み会で仕事の話をする同僚や、一緒に遊びに行く友人との関係も大切です。

しかし、前向きな充実感を得られる関係は初めてでした。

目的を持って活動している人にはエネルギーがあります。

SNSでの人との関わりも変わっていきました。

それまでは、自分の趣味のことや、最近あった出来事くらいしか投稿していなかったのですが、コーチング関係のことを投稿しはじめると、まだ会ったこともないコーチの方とつながることもできました。

さらに、アドラー心理学を実践したうえでの気づきも発信していくと、同じ考え方の人や、私の発信を気に入ってくれた人との関わりが増えていったのです。

アドラー心理学の「対人関係論」という理論では、**「すべての思考・感情・行動の**

**先には人がいる」**と考えます。

私は、主体的に生きるようになって、周りの人間関係が変わっていく感覚を通して、この「対人関係論」を学びました。

たかがSNSでの発信でも、届く先には相手がいます。

ポジティブなことを言えばポジティブな反応が返ってくるし、ネガティブなことを言えばネガティブな反応が返ってくる。

そうして自分の発信することに似通った人が近づいてくる。

「すべて自分のしたことは自分に返ってくる」ということを実感しました。

## 悩みはすべて人間関係にある

「対人関係論」では、人の悩みはすべて人間関係にあるとも考えます。一見、お金の悩みに見えても、仕事の悩みに見えても、その先には相手役がいるということです。

例えば、「給料が増えない」という悩みがあったとして、それを深掘りしていくと、「もっとお金を稼いで家族をラクにしてあげたい」、あるいは「稼げるようになって周りの人に慕われたい」などと、人の思考・感情・行動の先には他者が関わっています。

人間は他者との関わりの中で生きています。完全に孤立する個人というのは人間社会ではありえません。「他者との関わりを通して、ライフスタイル（性格）が形成されていく」ということは、すでにお伝えしてきました。

**だからこそ、人は他者との関わりで、思考・感情・行動が生まれていくのです。**

あなたにもし悩みがあるとしたら、それは自分個人だけではなく、他者との関わりの中に要因があるはずです。

前章でお話しした私の「月5万円を稼げずに落ち込んでいた」という悩みも、自分自身だけの悩みではなく、ほかの稼いでいる人たちに対する「劣等感」「嫉妬」のような感情があったからこそ生まれたものでした。

つまり、他者ありきの悩みだったということです。

この「対人関係論」は、アドラー心理学にあるほかの理論でもある「目的論」とも密接に関わっていると私は考えます。「目的論」とは、人の思考・感情・行動にはすべて目的があるという考え方です。「対人関係論」ととても似ていますよね。

・「対人関係論」――人の思考・感情・行動の先には相手役がいる
・「目的論」――人の思考・感情・行動にはすべて目的がある

このふたつをまとめると、**「人の思考・感情・行動の先には、他者に対する目的が存在する」**ということです。

アドラー心理学では、「人間には所属に対する欲求が一番強い」と考えます。

人は社会的な生き物なので、ひとりでは生きていけず、自分のいるコミュニティ・集団に所属することで、幸福感や安心感を得ています。

この欲求が満たされないと、注目されようと悪戯をしたり、他者に認められようと権力争いをして自分の優位性をアピールしたりします。

このように、**「誰にどんなふうにしてほしいのだろう」**と対人関係的な目的を考えるとわかりやすいです。嫌な人がいて悩んでいるときも、その人がどんな目的で自分にはどうしてほしいのだろうと考えると、答えが見えてきます。

例えば、私は断るのが苦手なので、誰かに頼まれごとをされると、本当は断りたくても承諾してしまうことがありました。

それは「その人に嫌われたくない」という思考があったからです。

また、職場で、愚痴ばかり言う人に対して、「なぜそんな生産性もないことを言うんだろう」という相手への憤りのような感情が生まれたことだってあります。

機嫌が悪くなって、ほかの人に冷たく当たってしまうこともありましたが、本当は相手に対し、「私のことを気にかけてほしい」という意識がありました。

些細な悩みでも、大きな悩みでも、その先には必ず相手がいるということを覚えておきましょう。その相手に対する思考・感情・行動を考えると、悩みのタネがわかって対処ができるようになります。

あなたが今感じている悩みは、誰に対するどんな想いですか？

**人間関係は、自分の目的に沿ったものに変えていくことができます。**

というよりも、変えていくべきだと私は考えます。

まだアドラー心理学を取り入れる前の私は、ネガティブ思考でいることも多く、成長できる仲間もあまりいませんでした。

そこで、目的を叶えるために、自分から、一緒に成長していける前向きな人間関係を求めるようにしました。

私がやったことは、使う「言葉」と、関わる「人」を変えるということ。

前向きに活動をしはじめたからこそ、切磋琢磨できる仲間が増えたのです。

このように、自分の夢や目標を叶えるときに、人間関係はとても重要です。

## 何気なく発する言葉を変える

先ほど「類は友を呼ぶ」とお伝えしましたが、ふだん使っている言葉に関しても同じことが言えると思っています。

オンラインだけでなく、日常の人間関係でも、愚痴を言う人の周りには愚痴を言う人が集まるし、将来を語り合うような人の周りには、同じように未来思考の人が集まります。

だからこそ、私は自分の目的に合った人たちと関わることができるように、使う言葉を変えていきました。

まず、「〇〇できない」や、「でも」「最悪」「ありえない」というような否定的な言葉は一切使わないようにしました。こういう言葉を使っていたときは、SNS上でも、似たような言葉を使う人たちとのやりとりが多かったように思います。

そこで、それからは「できる」「ワクワクする」「〇〇したい」「最高」というようなポジティブな言葉を増やしていきました。そうすると面白いように、同じようなポジティブな言葉を使う人たちとのやりとりが増えていったのです。

そして、そのような人たちとの関わりが増えていくと、コーチング仲間や、SNS上で仲良くなった朝活仲間など、**将来の成長のために切磋琢磨できる仲間が増えていきました。**

同じように頑張っている人たちからの学びもとても大きかったです。

例えば、1日2時間の勉強で満足していたけど、4時間も5時間も頑張っている人がいると「自分ってまだまだだ」ともっと努力することができます。

逆にやる気が起きなくてモチベーションが低いときには、「そういうときもあるよ」とサポートしてくれることもありました。

私は今では毎朝5時くらいに起きて勉強や読書をしていますが、自己投資をしはじめた0ヵ月目の日記を見ると「日付が変わる前に寝る。朝6時には起きる」という日標が書いてありました。

当時はまだ6時にすら起きられなかった私が、4時〜5時に起きて朝活している人たちと関わるようになっていき、刺激を受けて自分も同じように早起きできるようになったのだなと実感しました。

当たり前になるとなかなか気がつけないのですが、昔の自分のSNSの投稿や、当時つけていた日記を読み返すと、かなり変化があったことがわかります。

これも自分が求めていた仲間たちのおかげです。

**自分の使う言葉を変えれば、思考や感情、行動も変わっていき、それに伴った人間関係を作ることができる。**

今では勉強や執筆が進まないときや、やる気があまり起きないときでも、切磋琢磨できる仲間がいるから、また奮起して頑張ることができています。

もしネガティブな言葉を使っていたら、こういう前向きな人たちと出会うことがないので、まったく成長できていなかったでしょう。

## 付き合う人は自分で選ぶ

言葉を変えること以外に、付き合う人も変えていきました。

「付き合う人を自分の目的によって選ぶ」というのは、ちょっと冷たくて寂しい感じがするかもしれませんが、自分の人生の目的と合わない人と付き合っていくのは正直時間の無駄です。

私自身は、「成長し続けたい」という理想があったので、人間関係を一緒に成長していける人に絞っていきました。

学生時代の友人も何人かいましたが、今でも関わっている人は片手で数えられるくらいです。

彼らは、私が新しいチャレンジをしたときは全力で応援してくれ、悩んだときは一緒になって考えてくれます。

また、私もその友人が困ったときには無条件で助けてあげたいと思っています。

成長なんか目指さず、のんびり過ごしたいと思っている人は、そういう人たちとの交流を増やせばいいでしょう。

交流関係に共通の正解はないので自分の目的に合った人間関係を築けばいいのです。


**さらに私は、コミュニティは複数持つことをオススメしています。**

例えば、会社と家庭の往復だけではなく、趣味や自己投資、勉強に関するコミュニティに入ることです。

そうすると、仕事で嫌なことがあっても、ほかのコミュニティが充実していれば、さほど引きずらないし、ひとつのコミュニティで嫌な人がいても、そこを抜けてほかのコミュニティに行けばいいだけ。

選択肢が複数あると、安心感が得られます。

ここまで、私に起きた出来事をお伝えしてきました。次からは、アドラー心理学を人間関係に取り入れていった変化をいくつかご紹介します。

## どうしても嫌な人がいるとき

「目的論」で考えると、人は誰しも目的を持って行動しています。

ということは、あなたが嫌だと思う人も、その人なりの目的を持っていると言えます。

・嫌がらせをしてくる
・人によって態度を変えて猫をかぶっている
・人の悪口ばかり言う

・すぐにカッとなって怒り出す
・自己中心的でわがまま

このように、職場でも家庭でも学校でも、いろんな人がいるでしょう。

嫌がらせをしようとしているのは単なるストレスの発散が目的かもしれませんし、自己中心的なのは他人をコントロールして優越感に浸ることが目的かもしれません。

人の価値観は人の数だけあります。他者を完全に理解することは難しいでしょう。

**本書でも何度も出てきている「課題の分離」をもとに、割り切るしかありません。**

自分に悪影響しか与えない人間関係に悩んで時間を費やすのはもったいないです。


ただ、第1章でも述べたように、危害を加えられてしまうような場合は、あなたの課題にもなるので「共通の課題」として対処すべきです。

例えば、職場で明らかな嫌がらせを受けてしまった場合。

心身の健康に影響が出るほどひどいものであれば、逃げることも必要です。

むしろ、自分に危害があるのなら、それはもう「自分の課題」です。

自分を守ることに専念しましょう。

会社がすべてではありません。

「嫌なことがあるけど、会社を辞めたりしたら生きていけなくなる」と不安になる人もいますが、そんなことはありません。

今の日本は発展途上国と比べたら裕福ですし、食べていくだけであれば、アルバイトでも生活できます。

極論、どんな職種でもいいと思えば、仕事に困ることなんてほとんどありません。

特に若手の頃は「会社がすべてだ」と思い込みがちです。

私もそうでした。

でも、地域のボランティアや、コーチングのセミナーに参加して、会社とは異なる人たちと触れることで、外から自分の仕事を眺めることができ、冷静になれたのを覚えています。

だからこそ、複数のコミュニティに入ることはオススメです。

## 嫌な人との関係を断ち切れないとき

「嫌なときは逃げよう」とお伝えしましたが、「会社を辞めるほどではないけど嫌な人がいる」という人にとっては、逃げずに付き合っていくしかないかもしれません。

私はそういう場合、自分から変わることを心がけています。

昔、同じ職場で働いていた人で、すぐに他人に責任を転嫁する人がいました。絶対に自分の非を認めないのです。ましてやミスをしたときに、それを私のせいにして、私が別の上司に怒鳴られるはめになったことも……。

納得いかなかったのですが、言い返したところで火に油を注ぐだけ。ぐっとこらえていました。そのときに私が意識したのは**「相手のことは変えられない。変えられるのは自分だけ」**というアドラー心理学の「課題の分離」です。何回も出てきますね。

責任転嫁する人に何を言っても、その人自身を変えることはできません。

**そこで私は、相手に、今後同じミスが発生しないように、自分でできる限りのことをしました。**

とです。

「目的論」で考えると、「この人との関係をどうしていきたいのか」と問うということです。

私は転勤族で、この先ずっと同じ人と一緒に仕事するわけではないので、「この人との関係性をよくしたい」という目的はありませんでした。

しかし、仕事の役割上、仕事をうまく運ぶためにはコミュニケーションが必要な存在でした。

ですので、私はその人に対してイライラする気持ちを我慢し、「自分の仕事をうまく進める」ということに集中するようにしたのです。

私が責任転嫁されたミスは、私の範疇の仕事ではありませんでしたが、その人に対して自ら積極的にコミュニケーションを取るようにして、情報共有をしました。

すると、不思議なことに、ミス自体が軽減されていっただけでなく、その人の私に対する対応が柔和に変化していったのです。

私を味方だと思ってくれているような言動が増えてきて、一切責任をなすりつけられることはなくなりました。

**「他人は変えられない」**と言いますが、**自分の行動を変えることで、結果的に相手の行動が変わることがあります。**

今ではその人のことが嫌だという感情は一切なくなりました。

これは思わぬ結果でした。

もし、あなたにも嫌な人や合わない人がいたとしても、あなた自身の行動を変え、接していけば、相手の接し方も変わるかもしれません。

**どうしても関係を断ち切れない人だとしたら、自分から変わることを心がけてみてください。変えられるのは自分だけです。**

言い換えれば「自己決定性」で、「自分のことは自分で決められる」ということです。

# なぜ、あの人に言われると腹が立つのか

アドラー心理学の理論の中で、人間関係でとても役に立ったものが「認知論」です。

これは**「人それぞれが自分の色眼鏡を通して物事を見ている」**という考え方です。

「別の人に言われると腹が立たないのに、なんかこの人に言われると腹立つんだよなぁ」という経験がないでしょうか。私はあります……。

こう感じるのは自分の認知によるものです。

その人自身を「嫌な人」と思っているから、そのフィルターを通して、言動までもが嫌だと思えてしまうのです。

夫婦生活でも、新婚のときはパートナーが家事をしないということが気にならなかったのに、「家事をしないなんて許せない！」と考えが変わった人もいるのではないでしょうか。

事実は同じなのに、なぜ解釈が変わるのか。

それは自分の認知が変わっているからです。

**大事なのは、事実と感情を切り分けて考えることです。**

例えば、「何回も遅刻してくる友人にイライラしている」という体験があったとします。これを「事実」と「感情」にわけてみます。


【事実】友人が待ち合わせに遅れて来る。

【感情】「1回だけでなく、何回も遅刻して私を待たせて、なんとも思わないのか？

（＝もっと私のことを大切にしてほしい）」

このように、「友人が待ち合わせに遅れて来る」という事実に対して「私をもっと大切にしてほしい」という感情を自分で生み出しているのです。
アドラーは**「感情も自分で決めることができる」**と言っていますので、この感情も自分の認知次第では変えることができます。

事実と感情を切り離さずに、「何回遅刻してるんだよ！　悪いと思っていないのか⁉」と感情を優先して責めたり、言い合いになってしまうと、人間関係は悪化します。

また、自分が我慢し続けるのもメンタルの健康にはよくありません。

**事実と感情を切り離したうえで、「遅刻されると、私も待つ時間がもったいないから、時間通りに来てほしいな」と、「私はこう思う」と伝えると、人間関係も良好になっていきます。**

イライラしてしまったときに、冷静に考えるのは難しいかもしれません。でも感情的になっているときはうまくいくことが少ないので、少しぐっとこらえて、時間を置いてから気持ちを整理するようにしましょう。

「メタ認知」（物事を超越した場所から客観的に捉えること）という言葉があるように、自分を俯瞰するように客観視すると、落ち着いた対処ができるようになります。

これは、人間関係だけではなく、どんな悩みにも応用できます。

例えば「残業が多くてつらい」という悩みがあったとします。

「残業が多い」というのは事実。「つらい」は感情。

「残業が多い＝つらい」というのは自分の解釈です。

なぜなら、「残業が多い」という事実に対して、つらいと思わない人もいるからです。

このように、事実と感情を切り離して冷静に考えたときに、自分の本当の目的が見えてきます。

「残業が多くてつらいと感じていたのは、自由な時間がほしかったからなんだ」

と思えば、転職の決心がつくかもしれませんし、

「残業が多くてつらいと感じていたのは、やらされ仕事ばかりで時間が潰れているのが嫌だったからなんだ。だったらやらされ仕事をなんとかする方法を考えてみよう」

と、転職ではなく「今の仕事をどう変えるか」という発想になるかもしれません。

このように、「つらい」という感情だけではなく、事実と感情を切り離して考えることで、自分の「認知」を見つけることができます。

そして「認知」を見つけたら、本当はどうしたいかという「目的」がより深くわかるようになります。

このように、アドラー心理学の「認知論」と「目的論」を組み合わせることで、人間関係の悩みが解決できることが多いのです。

## 自分を傷つけられるのは自分だけ

誰かに傷つけられて苦しいとき、または他者と比較して劣等感を抱いて悩むとき。お伝えしたいのは**「自分のことを傷つけられるのは自分だけ」**ということです。

悪口を言われたり、ＳＮＳで誹謗中傷の対象にされたりしたら、たしかにショックですよね。**でも、それを受け止めて傷ついているのは自分の解釈なのです。**

これもアドラー心理学の「認知論」です。

同じ悪口を言われても、傷つく人と傷つかない人がいます。

「本当に仕事できないやつだな」と言われたとしても、自分の仕事ぶりに自信があれば気にならないはずです。

親から「早く結婚しなさいよ」と言われたとしても、「結婚できない自分」にコンプレックスを感じていなければ傷つきません。

**このように自分に自信があって自分のことが大好きであれば、傷つけられることはありません。**

「あなたは間違っているよ」「あなたのことはもう信じられない」というような言葉を突きつけられても、ショックを受けるのか、「しょうがないか」とサラッと受け流せるかは、自分次第。

肯定するのも否定するのも、自分で選ぶことができ、自分を傷つけることができるのも自分だけです。

心理学を学び、メンタルについての発信を増やしていき、SNS上でのつながりが増えるにつれ、「綺麗ごとばかり言っている」「ふざけたことばかりしている」などといった攻撃的な言葉を浴びせられることがありました。

やはり、その言葉を目にしたときは、ショックを受けます。

でも、自分のやっていることは好きだし、自信もあったので、やがて気にならなくなりました。

このように、感情や解釈すらも自分で決めることができるのです。

**ふだんの考え方や価値観で出来事の意味は決まります。**

自分のことを評価したぶんだけ周りも同じようにあなたを評価するし、「私なんて役に立たない人間なんだ」と卑下したり、自分で自分を傷つけたりしたら、周りもあなたに対してそのように扱います。

**自分を大切にしてほしかったら、まずは自分を大切にすることが重要。**

周りの人や付き合う人を変えるのもいいのですが、それができないような環境なら、一番簡単なのは自分を大切にしてあげることです。


そうはいっても、私も最初からそうできたわけではありません。

そこで響いたアドラーの言葉に、先述した次のようなものがあります。


**「重要なことは人が何を持って生まれたかではなく、与えられたものをどう使いこなすかである」**

ないものねだりをする必要はありません。

何か特別な才能がないと自信が持てないわけでもありません。

自分の中に今あることでいいのです。

「私なんて……」が口癖の人は、「とにかく誰かの役に立たないといけない」と躍起になっていたり、できないことに意識が向いていたりします。

ですので、自分のことを好きになり、自信を持つために、小さな「できたこと」に注目してみましょう。

「自分の思った通りに仕事が進んだ」

「5分でも勉強時間が取れた」

「朝、早起きできた」

「自炊した」

こんな小さなことでもいいので、「できた」と呟いてみましょう。もしくは寝る前に「今日のできたこと」をノートに書いてみるのでもいいでしょう。


**できたことに注目すると、徐々に自分に自信が持てて自分を好きになっていきます。**

こうして自己の基盤が整ってくると、他人に何か言われようと気にならなくなり、傷つけられることもなくなります。

自分を傷つけられるのは自分だけ。解釈は自分で選択できるということです。

## 人間関係の悩みがゼロになった！

アドラー心理学で付き合う人を変えていき、もとからある人付き合いの関係性も良好になってくると、私は人間関係で悩むことがほとんどなくなりました。

もちろん、自分が夢を語ったときに、「そんなの無理だよ」とネガティブな言葉を発してやる気をそいでくるような人もいますし、ＳＮＳで顔が見えないのをいいことに誹謗中傷するような人はあらわれますが、自分の人生が充実してくると、そんな人に構っている暇すらなくなります。

アドラー心理学では「勇気づけ」という技法があります。

第１章でも説明しましたが、勇気とは「困難を克服する活力」のこと。

切磋琢磨できる仲間がいることのありがたみも先述しましたが、「あなたならできる」と勇気づけし合える仲間がいることも私の成長には不可欠だと感じています。

**感謝してもらいたければ、自分から感謝すること。**

**優しく接してほしければ、その人に自分から優しく接することが大切です。**

私が職場でミスをなすりつけてくるような人と良好な関係になったのも、私から好意的に接したからでしょう。

私が敵対心を持ったままであれば、関係性は間違いなく悪化していました。

アドラー心理学の「勇気づけ」では、無条件の尊敬と信頼が大切だとされています。

**「信用するのではなく、信頼するのだ。**
**信頼とは裏付けも担保もなく相手を信じること。**
**裏切られる可能性があっても相手を信じるのである」**

これもアドラーの言葉です。

信用というのは条件つきで相手を信じること。

銀行がお金を貸してくれるのは、過去の実績や何かを担保とした条件つきのものなのでいわゆる信用です。

人間関係で言い換えれば、「○○してくれるから」「実績があるから」ということで生じるのが信用ですが、これは、実績がなくなったときには前提条件がなくなり、関係性が続かなくなるため、アドラーの推奨する信頼ではありません。

応援し合える人というのは「信用」よりも「信頼」できる人のほうがいいと私は考えます。

なぜなら前提条件がない関係なので、どんなに困ったときにも助けてもらえるからです。

## 「フォロワー数＝信用の証」ではない

SNSで発信力をつけてフォローしてくれる人がたくさんいたとしても、過去の実績や経歴だけをもとにフォローしてくれているのであれば（＝信用）、長い付き合いに

# 勇気づけ

アドラーの言葉

「信用するのではなく信頼するのだ。信頼とは
裏付けも担保もなく相手を信じること。裏切られる
可能性があっても相手を信じるのである（対人関係論）」

## 自分を高める言葉　肯定的な言葉を使い、自分を奮い立たせる

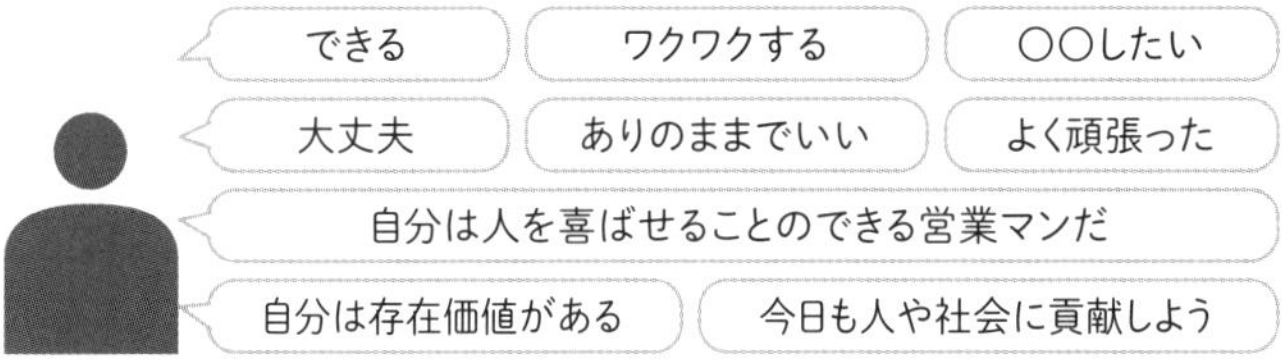

できる
ワクワクする
○○したい
大丈夫
ありのままでいい
よく頑張った
自分は人を喜ばせることのできる営業マンだ
自分は存在価値がある
今日も人や社会に貢献しよう

私は営業先に商談に行くときには、よく「自分は人を喜ばせることのできる営業マンだ」「きっと大丈夫。役に立てる」といわゆるアファメーションをしています。

## 相手を高める言葉　肯定的な言葉を使い、応援しあう

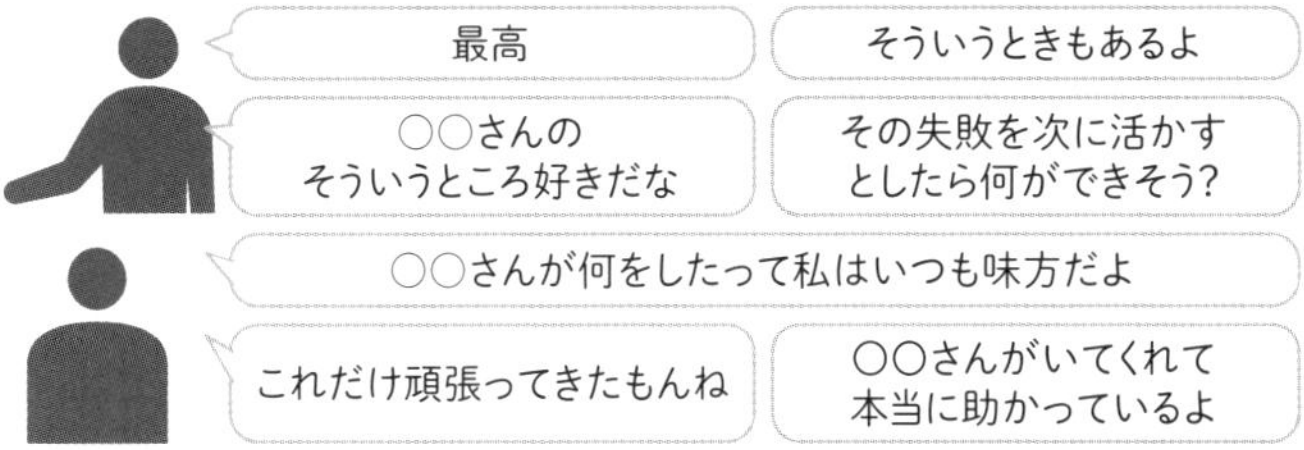

最高
そういうときもあるよ
○○さんの
そういうところ好きだな
その失敗を次に活かす
としたら何ができそう?
○○さんが何をしたって私はいつも味方だよ
これだけ頑張ってきたもんね
○○さんがいてくれて
本当に助かっているよ

私は以前、親友が落ち込んでいるときに「お前が何をしようが、ずっと味方だ！」と言ったことがありました。このときはアドラー心理学を知る前でしたが、自然と勇気づけをしていました（あとから「健一に本当に支えられた」と言ってくれました）。

はならないかもしれません。また、あなたが失敗して無一文になってしまったときに助けてくれる人ではないかもれません。**本当の勇気づけをし合える仲間というのは、存在そのものに価値を感じて応援できる仲間（＝信頼）です。**

私には「この人が困ったときには、世界中どこでも駆けつける」「無一文になったときはしばらく家に呼んで養ってあげる」と思える人が数人います。そんな仲間に対しては、心から応援できますし、私のことも心から応援してくれます。

そういう仲間がいるからこそ、私はやりたいことを信じてやり切れているし、困ったときは遠慮なくこちらから助けてほしいと言えます（このような仲間からの紹介でコーチングのクライアントになってくれた方が何名もいます。私のことを「こいつなら大丈夫。信頼できる」と思ったからこそ紹介してくれたのでしょう）。

信用なのか信頼なのかを判断する基準として、アドラー心理学では**「機能価値」「存在価値」**という考え方があります。

「機能価値」とは、その人の能力やできることに注目し、価値を置いていることです。反対に言えば、「能力がない人には価値を感じない」ということなので「信用」にあたります。

「存在価値」とは、その人の存在そのものに価値を置いていることです。

これがアドラーの言う「信頼」です。

**その人の良いところも悪いところも知ったうえで信頼すること。その人が仮に失敗したり、あなたに迷惑をかけたりしても、それでも信じることができる人のこと。**

「応援されたければ自分から応援しよう」とお伝えしましたが、「信用」のうえで（その人の実績や能力を尊敬したうえで）応援するならば、その人はあなたの能力しか見ません。

あなたが、相手の存在そのものに価値を感じ、「心から応援したい」と思える人を応援すれば、その気持ちが通じてあなたのことも無条件で応援してくれるでしょう。

私は、SNSで知り合った人でも、信頼できる仲間がいます。

リアルだろうがオンライン上だろうが関係ありません。

「早く行きたければひとりで行け。遠くまで行きたければみんなで行け」

有名なアフリカのことわざです。まさにあなたが大きな成長や成果を望むのなら一緒に遠くまで行ける仲間を見つけましょう。

私はこのように、使う言葉と付き合う人を、自分の目的に沿って変えることで、周りの人間関係が変化していきました。人間関係が良好になると、まっすぐに自分の夢や理想に向かって突き進むことができます。

そして、この頃から「会社員以外で稼ぐ」という目的が叶いはじめたのです。

次の章でその変化をお伝えしていきます。

第4章まとめ

## 4〜6ヵ月目の変化

▼ 前向きな人とだけ付き合えるようになった。
▼ 嫌な人との関係性も改善されていった。
▼ 応援し合える仲間が増えていった。

column

# 3

# 「勇気づけ」は子育てにも部下の教育にも効く！

アドラー心理学でとても大切なのが「勇気づけ」。

これは、子育てや部下の教育にも役に立ちます。

**子育てで言えば、「褒める」「叱る」をしないこと。**

**「褒めない」「叱らない」に必要なのは、「感謝を伝える」「過程を見る」ということです。**

すでに書いたように「褒める」というのは「縦の関係」を築いて、支配関係を作ってしまいます。ポイントは、親が主語で自分の気持ちを伝えるような「I（アイ）メッセージ」で言うことです。

「あなたはすごい」など、主語が相手であると「褒める」ことになってしまいます。

また、「過程を見る」というのは、「結果で褒める」「結果で叱る」ではなく、それまでの頑張りを認めてあげることです。

結果が出るか出ないかは運によるものもあります。失敗したって次に頑張ればいい。次にもまた行動を起こせる活力が「勇気」なのです。

部下の教育も同じです。

部下の仕事の目的はなんなのか、それを叶えてあげるためにサポートできることはなんなのかを考えるべきです。そして会社の目的はなんなのか、部下に何を期待しているのかを伝えることも会社として成長するためには必要です。

そのときも「Iメッセージ」が大切です。「あなたは○○するべきだ」と言うのではなく「私（会社）は、あなたに○○してもらうことを期待している」と伝えましょう。

このときに注意したいのは、期待に応えさせようとプレッシャーをかけないことです。期待していると伝えてもいいけれど、期待に応えるかどうかは部下の課題ですからね。

勇気を与えるために必要なのが「横の関係」です。

「褒める」「叱る」で「縦の関係」を築かないようにしましょう。

# 第5章

# どうすれば、好きに働き、好きに生きられる？

## ――「環境見直し」の7～9ヵ月目

# だんだんと「全体」が変わっていった

7～9ヵ月目の私

▼収入がまだ目標に到達していない（目標＝会社員の給料の手取りと同じくらい）
▼「会社員を続けていると理想が叶わない」と思っている
▼自分が目的に向かって成長しやすい環境を充分に理解していない

やりたいことをやり、そして周りの人間環境が整ってくると、だんだんとほかのこともうまく回るようになってきました。

というのも、この7～9ヵ月目で、ついに会社員以外の収入が月10万円を超えてくるようになったのです！

そして、会社員だと到底叶わないと思っていた「好きなときに好きな場所にいる」という私の理想のライフスタイルが、会社員をしながらでも少しずつ叶うようになってきました。本章では、その体験を綴っていきます。

## 会社をやめずに「好きなときに好きな場所で働く」が実現!?

コーチングという好きなことをやりはじめ、会社員以外でも少しずつお金をいただくことができるようになっていき、自信が生まれてきました。

コーチングは、正直、スキルだけであれば、誰でも身につけることはできます。

しかし、大事なのはスキルよりもコーチの人となりです。

**「この人だから相談したい」「この人だからサポートしてほしい」と思ってもらえることがクライアントになってくれるかにかかってくるのです。**

だからこそ、私を選んでくれる人がいるというのは、私個人に価値を感じてもらえているということになります。

0ヵ月目の自分からは想像もできない成長です。

そんなふうに自分自身が満たされていくと、次第に「もっと他者に貢献したい」という想いが強くなっていきました。

「ほかにも自分に何かできることはあるかな?」と考えたときに力を入れはじめたのが、Kindle出版でした。

Kindle出版とは、Amazonの電子書籍サービスKindleにおいて、本を出すこと。

このサービスでは、出版社を通さず個人でも本を出版することができます。

0ヵ月目から読書の習慣があった私にとって、本を書くということには憧れがありました。

友人がKindleで本を出版していたこともあり、やり方を教えてもらって、本を書くことにしたのです。

## 何者かである必要なんてない

電子書籍を書くというのは、「伝えたい想いやスキルを、本として読んでくれる人がいる」という、とてもやりがいのあるものでした。

もちろん、簡単ではありません。

会社員をしながら、毎日朝早く起きて時間を捻出し、わかりやすい文章を書くために本を読んでライティングスキルも学びながら書き続けました。

プロの専門家が書くコーチングの本なら、世の中にたくさんあって、相当な経験を積んできたプロフェッショナルが書いています。

ですので、初心者だからこそ書ける内容がいいと思い、初心者コーチに向けて、『世界一やさしいコーチングの教科書』というタイトルにしました。

ありがたいことにこの本の読者は少しずつ増えていきました。

いきなりプロフェッショナルを目指さなくてもいい。

今自分の持っているものでどうするか考えればいい。

そんなアドラーの考え方をKindle出版でも大切にしました。

## 「私に書けることは何？」

## 「私だからこそ書けることは何？」

これをひたすらに考え続け、次に出版したのが『アドラー心理学を実生活に取り入れてみた』という電子書籍です。

プロフェッショナルの著者が書くアドラー心理学の本はすでにあるので、この本も私の体験談を綴りました。

それまで数冊出版していましたが、全部合わせても収益が月5千円行けばいいほうでした。しかし、この1冊を出した途端、月1万円を超えるようになりました。

この本のヒットで学んだのは、**「誰でもいつからでも変わることができる」**というアドラーの考え方でした。

何者かになろうとしなくていい。

憧れの人がいてもいい。

でも、自分しかできないことはある。

どんな人にも価値はあります。それを見つけて大切に向き合い、育てて、人に少しずつ分け与えていくと、周りの人たちの反応が変わっていくのです。

この出版活動を通して、「等身大の自分に価値があるんだ」と感じることができました。


**さらに、大きな変化として、会社員の仕事が大好きになりました。**


「好きなときに好きな場所にいる」ということが私の理想のライフスタイルだとお伝えしましたが、これは場所と時間に固定される会社員では叶わないと考え、コーチングで独立したいと思っていました。

しかし、収入は増えたとはいえ、独立して生きていくためにはまだまだ程遠い。

「なかなか難しいな……」と考えていたときに、取り入れたのがアドラー心理学の**「全体論」**でした。

全体論は**「人は分割できない全体として、目的に向かって生きている」**という考え方です。

要は、人の思考、感情、行動に矛盾はなく、ひとつの同じ目的に向かっているということです。「独立したいけど収入もまだまだなので、難しいな」と考えていて、自分の考えている「好きなときに好きな場所にいる」というイメージと現実に差があると考えていました。

しかし、全体論から言わせると、そこに矛盾はないので、「今の結果は自分が望んでいる」ということになるのです。

もちろんいくら稼げるかは、相手次第の要素もあるので望んだものと違うことだってあるでしょう。

しかし、私の「独立したいけどできない」というのはアドラーから言わせれば嘘。「独立したいけどできない」ではなく、「独立したくない」と思っているということになります。

私は、

**「本当は独立したいなんて思っていないのか？」**

**「好きなときに好きな場所にいるというライフスタイルがほしくないのか？」**

と自分に問い続けました。

そこで最終的に見つかった答えは「自分は会社員の仕事を望んでいた」ということです。

私は、会社員という働き方が理想のライフスタイルとは程遠いと思っていたのですが、ここで「そもそも会社員をなぜ続けているのか」という目的を考えることにしました。

もし、本当に会社勤めを辞めたいのであれば、すぐにでも辞めているはず。

物理的に辞めることができないということはありえません。

退職願を提出するだけでいいですからね。

会社員を続けている理由を考えたときに、「チームで働くことが好き」「自分の今の会社の人たちが好き」という答えが見えてきました。

会社という組織で、営業のチームで働き、喜びを分かち合うこと。

そしてそれが好きな人たちであることに充実感を抱いていました。

同時に、「それを捨ててしまうのは嫌だ！」と思っていたことにも気がついたのです。

それから大きく変化しました。

会社員の仕事は1日8時間で、平日5日間あるとすると、1週間で40時間働いています。そんな大半の時間を嫌々やっていたのでは非常にもったいないですよね。

もちろん、場所と時間にとらわれていることには窮屈さは感じます。

しかし、そんな状況の中でも「会社員として今やりたいことは何か」を考え、チームで働くことの面白さを感じるようになってから、日々が充実していきました。

また、「コーチングは部下の育成や子育てにも役に立つ」と言われているため、後輩への接し方にも、「あなたはどうしたいの？」という主体性を尊重する聴き方を取り入れるようにしました。

すると、会社の仕事とコーチングの仕事が相互に活きて、相乗効果が得られるようになったのです。

これは、嫌々仕事をしていたときでは出てこなかった発想です。

今ある状況に感謝する。コントロールできないことには文句を言ったりしない。**コントロールできないことを思い通りにしようとするのは、降っている雨を止ませようとしていることと同じです。雨が降れば傘をさせばいい。同じように、自分でコントロールできないことがある場合は、自分にできることをしたらいいだけ。**

当初は、会社員の悪い面ばかり意識していましたが、毎月安定してお給料をいただけること、そして福利厚生でしっかり守ってくれていることなど、感謝できる面もたくさんあることに気がつきました。

それからは会社の仕事もコーチングや作家の活動も、すべてがうまくいくようになりました。

不思議だったのはここからです。

会社員の仕事も楽しめるようになってから、コーチングのお仕事が増えてきたのです！

友人から「自分の知り合いがコーチングに興味あるらしいので健一さんとつないでいいですか？」と言われてクライアントが増えたり、Kindleで本を出そうとしている人から「ぜひ本のチェックをしてほしい」と依頼が来たり……。

そんな自分を振り返り、尊敬する先輩が言っていたことを思い出しました。

「仕事が嫌で辞めるのはいいけれど、それだと次の職場でもうまくいかない。前の職場で嫌々やっていた人と一緒に仕事したいと思う人なんていないし、そんな人に仕事をお願いしたいなんて思わない」

私が嫌々、会社員の仕事をしながら「独立したい」という想いでコーチングしていたときは、クライアントから見ても、おそらく魅力的な人には映っていなかったかもしれません（もしそうだったら当時のクライアントさんに謝りたいです）。

もしかしたら眉間にしわが寄っていたかも……。

オーラも暗かったのではないでしょうか。

ただ、会社員の仕事も楽しめるようになってから、自分でも自分がとても変わったことがわかります。

**他人からも「顔が変わった」と言われるくらい、表情も柔らかくなりました。**

ひとりではなく複数人から言われたので間違いないのでしょう。

たしかに数年前の写真と今を見比べても、違いが自分でもわかるくらい、今のほうが若く見えます。

あなたがもし、仕事を嫌々やっていてお金もなくて、恋愛もうまくいかないなどと、今苦しい状況にあるのなら、実は「充分満たされている」ということに気づきましょう。

**小さなことでもいいので今の自分の中で「よかったな」「嬉しいな」と思えることを探してみてください。**

何度も言いますが、世の中はすべて解釈です。

すべては自分の認知でしかなく、起きていることに意味はありません。

「会社員が嫌だ」と思っていたのは私の認知ですが、「今、満たされている」ということに気がついただけで「会社員の仕事が好き」となったのです。

**出来事が変わったわけではなく、私の認知が変わっただけ。**

**満たされている人のところには、満たされている人が集まってきます。**

だから私もお仕事をたくさんいただけるようになったのだと確信しています。

「好きなときに好きな場所にいる」という私の理想は変わってはいませんが、会社員をしながらでも、有給休暇を自分の使いたいときに使ったり、リモートワークをしたりすれば、ある程度は実現できます。

「この理想も会社員をしながらでも叶えられるな」と思えるようにもなりました。

何事も考え方次第ということです。

## メンタルも体調も、常に「ちょっといい状態」に！

この頃には心身の健康もかなり整ってきました。これも「全体論」で、**「心と体はつながっていてひとつの個人である」**と考えてから、体の不調があるときは心の調子を整えることも忘れずにいるようにしました。

その逆もしかりです。

私は趣味でホットヨガをやっているのですが、ホットヨガは心も体もスッキリさせますので、心身の健康にはとてもいい効果があります。

姿勢をよくするだけでも、気持ちは上向きます。

上を見上げながらネガティブなことを考えるのは難しいですし、布団の中にくるまって膝を抱えたままポジティブなことを考えるのも難しいでしょう。

ホットヨガをして体の調子を整えたり、姿勢をよくすることを意識したりしてから、実際にメンタルも安定していきました。

ほかに気をつけたことは食事の量を減らすこと。

昨今「1日3食はカロリーオーバーである」ということがよく言われています（さまざまな主張があると思うので本書では多くは触れません）。

私も今の体型をキープするために、「3食食べるけど1食分は少なくする」という食生活を始めました。

今では、食べる量を減らして1日2食を心がけています。

また、なるべく添加物の少ないものを選んで体をいたわるようにもしました。

「体を大切に扱っている」という意識があると、心も豊かになっていき、自分のことが好きになれると実感しています。

## お金に対する意識も変化した

さらに、お金に対する考え方も変わってきました。

先ほど、仕事をたくさんいただけるようになったとお伝えしましたが、先述した『アドラー心理学を実生活に取り入れてみた』という電子書籍がどんどん売れていき、会社員以外の仕事で、会社員の給料と同じくらいの収入を得られるようになってきました。

すると、次第にもらうだけではなく、お金を払うことに対する意識も変わりました。

これまでは、「お金を払う＝お金がなくなる」というネガティブな感情を持っていたのですが、これも単なる私の認知。

アドラーから言わせれば**「そういう色眼鏡をかけている」**だけ。

「私がお金を払うことで相手が幸せになる」と発想を転換させることにしたのです。

私がお金を払えば、相手のモノやサービスに価値を感じたと伝えることになるし、その人の資産も増えます。

**「お金を払うことで、いいことをしている」**と捉えることで、お金を払うことが楽しくなりました。

無駄遣いをするわけではありません。

**「本当に自分がほしいか？」**
**「これを提供してくれる人に感謝したいか？」**

このように考えるようになり、多少高くても、「頑張ってほしい」と思う定食屋さんに行くようになりましたし、応援したいバンドのグッズを積極的に買うようにもなりました。

逆に、なんとなく立ち寄っていたコンビニでの衝動買いや、本当にほしいかもわからなかった洋服の買い物などはしなくなりました。

幸せな気持ちでお金を払うようになってからはお金が大好きになり、もっともっとお金がほしいとも思えるようにもなって、「もっともっと払いたい＝他者を幸せにしたい」と考えるようになりました。

そうして、これまで以上に仕事にも精を出すことができました。

## 「ちょっといい環境」を手に入れた

**「人は分割できない全体として、目的に向かって生きている」**という全体論は、どんなことにも言えると私は考えています。

生活環境だって同じこと。

私はまず、家の中での生活の目的を考えました。

私の場合は、家に帰ってからは「妻との団らんを楽しむ」「読書をしたり映画を観たりして心の栄養を補給する」というような目的があります。

そのために妻と一緒に好みのダイニングテーブルを買ったり、読書や映画鑑賞のためにソファを買ったり、家具をそろえて環境を整えました。

家も新築にこだわり、引っ越しもして、自分の書斎も設けました。

お金はかかりますが、自分を「ちょっといい状態」にするために必要な経費だったと思っていますし、まったく後悔していません。

それからは、家に帰るのが楽しみになり、仕事以外の時間もとても充実して、人生全体が晴れやかになっていったのです。

また、私は朝の散歩が習慣となっているので、緑のある公園が近くにあることは必須条件でした。おかげで朝に公園を散歩して頭をスッキリさせることができますし、考えごとをするときに公園まで出かけることもできます。

人によっては、「近くにサウナがあるところがいい」とか「お出かけすることがリラックスになるから駅に近いほうがいい」などと、条件はそれぞれでしょう。

**いずれにせよ、住環境は人生の充実度に直結しますので、こだわったほうがいいと私は考えます。**

さらに、持ち物にもこだわりました。

ノートやペンも自分がテンションの上がるものを買って、執筆できる環境のためスタンディングデスクも新調しました。

これまでは、よくカフェに行って執筆や読書をしていましたが、持ち物を変えることで家のほうがリラックスして集中できる環境となりました。

このように、周りの環境を自分の好きなものだけにしていくと、家でやっている仕事もはかどり、確実に生産性は上がっていきました。

## 「趣味は後回し」だった私が、趣味で心を豊かにする

意外にも変化の大きかったことは「趣味・娯楽」に対する考え方です。

私はかつて、娯楽は敵だと捉えていました。

もともと漫画が好きだったのですが、6ヵ月目くらいまでは「自分の将来の力にならないから時間の無駄」だと思っていました。

しかし、環境を整えはじめた頃、娯楽に対する考え方も変わり、「ちょっといい状態の自分」を作り出すためには、趣味や娯楽の時間はとても大切だと考えるようになりました。

それ以降、漫画はもちろん、それまで読んでこなかった小説も読みはじめるようになりました。読んでからわかったのですが、小説も漫画も学ぶことがたくさんあります（すでに読書が大好きな方からしたら「当たり前だろ」と突っ込まれそうですが……）。

人生の教訓や自分のモチベーションの糧になるような作品もありますし、ストーリーの構成は自分の作家活動にも活かすことができます。

**どんなことにも目的を見出せば、自分の力になる。すべて自分の捉え方次第。**

趣味や娯楽も人生を充実させるものとして取り入れれば、人生がよりよいものになっていきます。

今では、私の人生に、娯楽は欠かせない存在になっています。

いかがでしょうか。

このようにアドラー心理学の「全体論」をベースとして、すべての環境を整えることを実践してきました。

「仕事」「健康」「お金」「生活環境」「娯楽」どれかひとつでも欠けたら、私の理想の人生からは遠く離れてしまいます。

この「環境見直しの3ヵ月間」があったからこそ、私の人生トータルの充実度と幸福度が上がったと断言できます。

第5章まとめ

7〜9ヵ月目の
変化

▼会社員の仕事も好きになった。
▼会社員以外での収入が会社員の給料と同じになった。
▼心身の健康が手に入った。
▼お金を払うことにも価値を感じるようになった。
▼生活環境を見直し、好きなものに囲まれて過ごすようになった。
▼趣味や娯楽に価値を感じ、自分の成長に活かせるようになった。

column

4

# 「ライフチャート」で人生の充実度を考える

ここで、「環境を見直す」方法について、「ライフチャート」というツールをご紹介します。

人生には大きくわけて8つのジャンルがあると言われています。

それが次の図です。

私が先ほど書いてきた「仕事」「健康」「お金」「生活環境」「娯楽」のほかにも、「家族」や「人間関係」「自己成長」があります。

私の場合、人間関係は、第4章で書いた通り実践し、家族に関してはすでにかなり満たされていたので、特に見直すことはありませんでした。

やり方としては次の通りです。

## 環境を見直す

アドラーの言葉

「人は分割できない全体として、目的に向かって生きている」

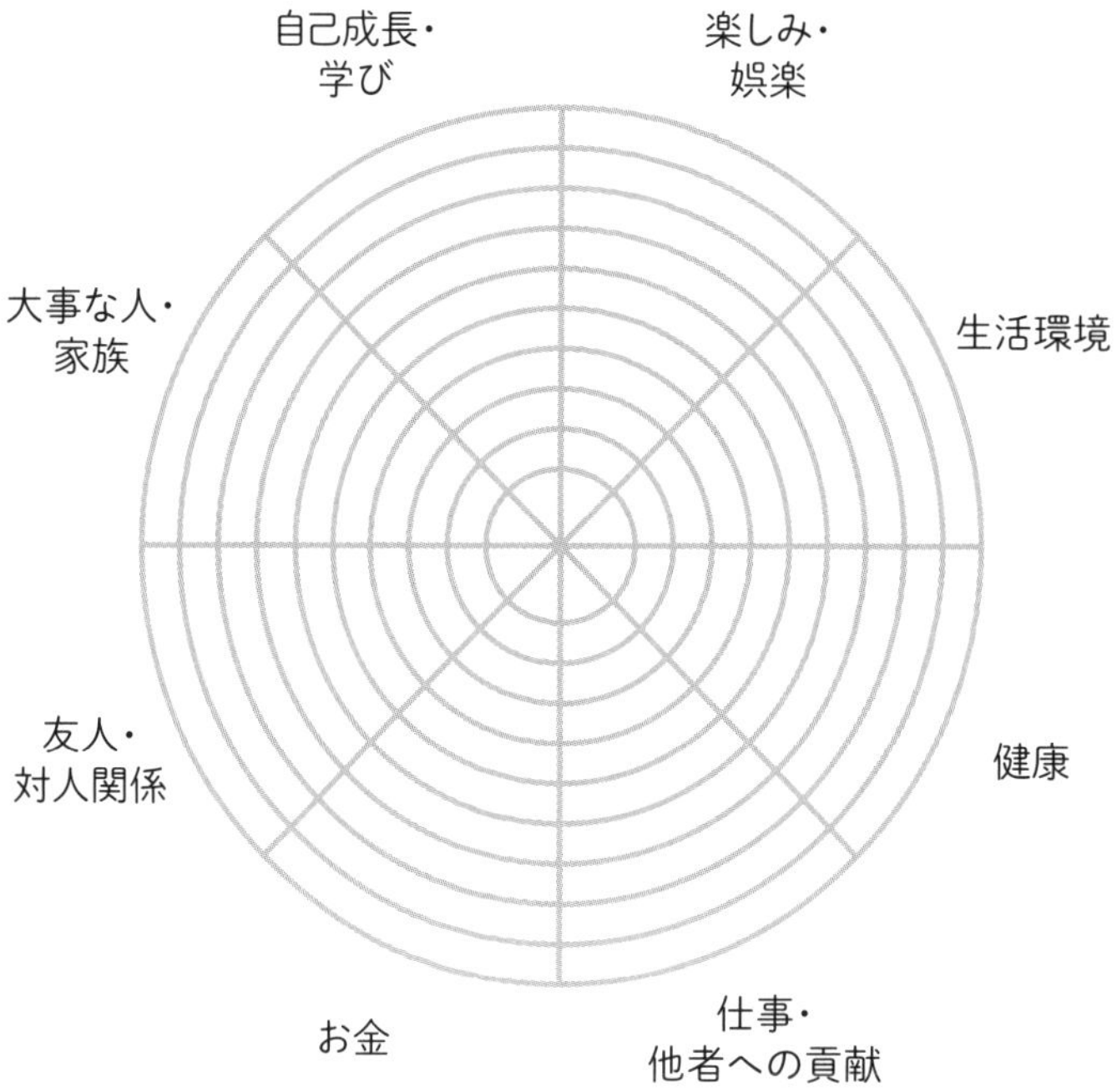

1．現在地を知るために、10点満点で点数をつけてみましょう。それに付け加えてその理由も書き込んでください。

2．10点満点の状態とはどんな状態かを書き出してください。

3．10点に近づくため、何ができるか考えてください（最初は1点上げるためでもいいです）。

4．3で書き出したことを実践しましょう。

このライフチャートは、私がよくコーチングでもクライアントに使っていただくツールです。

人生トータルの充実度を考えるのにとても役に立つのでぜひ活用してみてください。

第5章で私が実践してきたのもこれを用いてやってきたものです。

あなたの人生が1点でも点数が上がり、充実することを願っています。

# 第6章

# 本当の幸せって、なんだろう？

## ――「人生全体の幸福度」が倍増した10～12ヵ月目

# こうして「なりたい自分」が実現した

**10～12ヵ月目の私**

- もっと幸せになるためにはどうしたらいいのかという答えが出せない
- 人とのつながりをより深める方法がわからない
- 共同体感覚をマスターしたい

前の章までで、アドラー心理学を取り入れて、自分の考え方や捉え方がガラッと変わり、収入面や人間関係などありとあらゆる人生の要素が好転していきました。

10～12ヵ月目は、さらに「本当の幸せとはなんなのか？」ということを考えはじめたのです。

**「収入が上がったから幸せなのか？」**

**「人間関係が満たされたら幸せなのか？」**

**「生活環境や健康は望み通りになったけど、それだけで充分なのか？」**


そんなことを考えたとき、アドラーの次の言葉が私の心を揺さぶりました。

**「自分だけでなく、仲間の利益を大切にすること。受け取るよりも多く、相手に与えること。幸福になる唯一の道である」**


自分のことだけではなく、他者の利益も追及してこそ、幸福になれる。

たしかに、誰かに貢献して感謝されると喜びは大きいですよね。

そんな他者への貢献をアドラー心理学ではどう考えているのか、そして私自身の体験としてどのようなことがあったのかを紹介していきます。

## 人生の最終ゴール「共同体感覚」は得られているか？

最後の章にふさわしく、アドラー心理学の最大の目的でもある「共同体感覚」について触れていきます。

アドラーはこの共同体感覚が「人類が目指すべき最終ゴール」だと言います。

第1章でも少し説明しましたが、共同体感覚とは、**「自分は、自分自身が所属しているコミュニティの一部であり、その中で生きている」**という実感のこと。

「自分のことだけではなく自分が所属しているコミュニティのために貢献しよう」という感覚です。

なぜアドラーは、この感覚が人類が目指すべき最終ゴールだと言ったのかというと、人は一生涯、他者と関わり合って生きているからです。

「課題の分離」では、「自分は自分、他者は他者」と割り切って考えますが、これは自己中心的とは違います。自分のことだけ考えればいいということではないのです。

「他者に対する期待や執着は捨てるべきだ」とは考えますが、「他者と関わらなくていい」ということではありません。

**他者へ貢献してこそ、幸せを感じることができるということなのです。**

例えば、レストランでご飯を食べ終わったときに食器を綺麗にまとめておくとか、街中で道に迷っていそうな人がいたら、こちらから声をかけてみるとか、ほんの些細なことでも他者への貢献です。

それでも本当に他者に貢献できているかはわからないものですよね。

しかし、そんなことに悩む私を救ってくれたのはアドラーの次の言葉でした。

**「『自分は役立っている』と実感するのに、相手から感謝されることや、褒められることは不要である。貢献感は『自己満足』でいいのだ」**

**「あなたのために他人がいるわけではない。『〇〇してくれない』という悩みは自分のことしか考えていない何よりの証拠である」**

## 親切は自己満足でいい！

「貢献感は自己満足でいい」

これは私にとっては衝撃でした。

「それって他者貢献になっているの？」とも思いましたが、相手が感謝するかどうかは「課題の分離」で言えば「相手の課題」です。

それはコントロールできません。

大事なのは、相手が感謝してくれるかどうかの「結果」ではなく、相手のことを思って行動しているという「自己満足」だというのです。

私はこのことに気がついてから、人が見ていなかろうと、他者が気づかなかろうと、自分がしたいと思った親切をするように心がけました。

それから他者貢献という意味がだんだんとわかってきました。

共同体感覚に話を戻します。

「共同体感覚」とは、社会やコミュニティに貢献しているという感覚のことで、「自己受容」「他者信頼」「他者貢献」「所属感」の４つの要素があるとお伝えしました。

・「自己受容」は、ありのままの自分を受け入れること。
・「他者信頼」は、周りの人を仲間だと認識し、受け入れることです。つまり、「自分の周りにいる人は仲間だ」という感覚です。
・「他者貢献」は、自分を満たしていくと、仲間に対して「貢献していきたい」という気持ちが自然と生まれてくること。
・「所属感」は、「このコミュニティにいていいんだ」という感覚のこと。

これらすべてが満たされると「共同体感覚」を得られます。

私が今、所属している組織といえば、一番身近なのはやはり会社。

会社員の仕事は好きにはなったものの、「この共同体（＝会社）に所属している、貢献している」という感覚を得られているのかを考えるようになったのです。

## ・私にとっての自己受容

「自己受容」とは、ありのままの自分を受け入れること。

私は営業の仕事をしていますが、自分にはトークスキルがないと考えています。

昔は、トークスキルがないことにコンプレックスを感じて、「営業に向いていないのかな？」と悩んだこともあります。

ただ、トークするのは苦手ですが、コーチングをやっていることもあり、話を聴く力はあると自負しています。


人それぞれ特徴は違います。

他人と比べて劣っているなどと考えなくても大丈夫だということです。

むしろ他人と比べて優越感を得たとしても、さらに優れている人と出会ったら、その優越感はすぐへし折られます。

私もトークスキルがなくて悩んでいる当時は、ほかの営業の人たちと比べて落ち込んでいました。それが欠点だと思っていたのです。

欠点は言い換えれば長所にもなります。

欠点は「欠けている点」ではなく、「欠かせない点」です。

欠点だと思っていることで、よかったことを探すことが大切なのです。


**「『暗い』のではなく『優しい』のだ。『のろま』ではなく『ていねい』なのだ。『失敗ばかり』ではなく『たくさんのチャレンジをしている』のだ」**


これはアドラーの言葉です。

物忘れが激しい人はそれほど物事に執着しない人かもしれませんし、カッとなりやすい人は自分を守るために自分のことを大切にする人かもしれません。

自分が欠点だと思っていることは自分にとってどんな目的があるのかを考えてみると、その意義が見えてきます。

ぜひ、あなたも自分の特徴と向き合って、自己受容を高めていってください。

### ・私にとっての他者信頼

次に「他者信頼」です。

他者信頼とは、他者を無条件で仲間だと信頼すること。

信用ではなく信頼です。

信用とは何か担保があって信じること。

「相手が助けてくれるから信じている」というのは、交換条件なので「信用」です。

自分の周りにいる人を無条件で信じることができるのかと考えたときに、全員を信頼するというのはなかなか難しいと思います。

私も、会社の人全員にそう思えているかというと素直にイエスとは言えません。

しかし、人となりを知っている人に対しては信頼できていると感じています。

私は、「何をやるか」よりも「誰がやるか」がとても大切だと感じています。

「相手のことを好きではない」というフィルターがかかってしまうと、その人がたとえいいことをしていても嫌味に見えることがあるからです。

**その人自身のことが好きかどうか。**

**その人がどんな人か理解できているか。**

これが、他者信頼にはとても大切です。

私は会社の人全員のことを知りません。

でも、自分が所属している支店のメンバーとはプライベートでも会うことがありますし、日頃もよくコミュニケーションを取っているので「信頼」できていると言えます。

その人自身が好きだと思えると、信頼できるようになります。


**「この人たちなら自分が困ったときに助けてくれる」**


この感覚を得られるのが他者信頼です。

無条件で信じることができると、「この人たちのために何かしたい」と思うようになります。

もし今、そう感じる人がいなくても、少しでも気が合う人、「この人なら仲良くしてもいい」と思える人がいたら、プライベートでも遊んだり、素の状態を知ろうと努力することをオススメします。

「休みの日は会社の人に会いたくない」とか「会社とプライベートは切り離したい」という話を聞きますが、私はそうは思いません。

一緒に仕事をするメンバーなので、その人たちを好きでないと、いい仕事なんてできないからです。

「私情を仕事に持ち込むな」という人もいますが、そんなの無理です。

人間だから感情はどうしても生まれます。

嫌いな人には仕事でもきつく当たってしまうし、話しかける回数も減るでしょう。

私はその点で、自分が所属している会社のメンバーが好きでした。

だからこそ、信頼できていると確信できたのです。

### ・私にとっての他者貢献

次に「他者貢献」、つまり自分が組織に貢献できているかどうかという感覚についてお伝えします。

私はもう中堅社員なので、重要な取引先を任されるようにもなり、少しは会社に貢献しているという感覚を得られるようになっていました。

でも、入社したての頃はそうは思えていなかったでしょう。

今思うと若手は若手で、組織に新しい風を吹かせたり、若手のときの柔軟な考え方で組織にいい影響を与えたり、会社に貢献していることはたくさんあります。

**もしあなたも「まだ周りに貢献できていないんじゃないか」と感じているなら、自分がどんな影響を与えているかを一度考えてみてください。**

**どんな人でも役割はあるはずです。**

私は中堅社員になってから、やっと「他者貢献」を感じることができるようになりました。

部下や後輩の育成が自分の役割だと思ったことも大きいです。

私は会社でもコーチングを活かしたいと思い、後輩に対して「話しやすい雰囲気作り」「話を真剣に聴く姿勢」「アドバイスよりも相手がどうしたいかを優先する」ということを心がけていました。

こうした行動は自ら望んでやっていることです。

だからこそ、やりがいを感じることができました。

会社も私にそれを任せてくれていたこともあり、会社に貢献できているという「他者貢献」を感じることができました。

### ・私にとっての所属感

最後の「所属感」も自分の居場所は感じることができていましたし、このときにいた会社（支店）では「共同体感覚」に近い感覚を得られていたような気がしています。

アドラーは、**「共同体感覚を持てると、自分は切り離された個人ではなく全体の一部だと思えるようになり、それが良好な人間関係を築いていくことにつながる」**と考えました。

たしかにアドラー心理学を取り入れて、会社での悩みというのはほとんどなくなっていました。

アドラー心理学をまんべんなく取り入れて実践していけば、最終ゴールである「共同体感覚」は自然と得られるのだとわかったのです。

また、先述したように、会社以外に居場所を作るのも大切です。**コミュニティは複数持つことをオススメしましたが、それはどうしても「ここは自分の居場所じゃない」と感じたときに逃げ道ができるからです。**

次に、もう一歩踏み込んで、共同体感覚が得られるコミュニティの選び方をお伝えします。

## 「コト」ではなく「ヒト」に注目する

例えば、好きな趣味で集まるコミュニティやオンラインサロンがあったとします。

趣味が同じ人とは、たしかに気が合うかもしれません。

しかし、その人自身と合うか合わないかに趣味は関係ありません。

大事なのは、趣味である「コト」ではなく、そこに所属する「ヒト」自身を見ること。

その人自身を好きになることです。

したがって、同じ趣味で集まった仲間だとしても、その人自身を好きにならなければ、そこに共同体感覚は得られないと考えます。

好きでもない人に貢献したいなんて思えないですよね。

これぱかりは、そのコミュニティに実際に入ってみないとわからないのですが、違和感があればそのコミュニティから離れればいいし、居心地がよかったら居続ければいい。

私もそれで抜けてきたコミュニティがいくつかあります。


コミュニティは趣味だけではありません。

ビジネス仲間や家族、パートナーも立派なコミュニティです。

あなたが今一緒にいる人と共同体感覚は得られそうですか？

自己受容、他者信頼、他者貢献、所属感は持てそうですか？

例え家族のような近しい存在でも、あなたの存在自体を否定されたり、厳しい環境ならば逃げてもいいと思います。

自分が安心できる居場所を探しましょう。

アドラーは、さらに地球、宇宙単位でもこの共同体感覚を唱えていました。

スケールが大きいですよね。

さすが「人生の最終ゴール」と言うだけあって、そう簡単に得られない感覚なのかもしれません。

さて、アドラー心理学を取り入れて1年。

**自分自身が満たされ、近しい人たちには共同体感覚を得られるようになり、私は「世の中のために何ができるか」ということを考えています。**

とても些細なことですが「食べ物を残さない、無駄にしない」「旅をたくさんして地域にお金を落とす」「動物・生物を大切にする」「ボランティアや寄付をする」などを意識しています。

「ほんの小さいことでも、自分が世の中の役に立っている」という感覚を得られると、「この社会にいてもいいんだ」という感覚が得られるようになります。

**人は、自分が満たされていくと自然と他者を満たそうとします。**

ビジネスで成功した方が財団を立ち上げたり、寄付活動をしたりしているのを見てもわかるように、人間は生まれつき「他者へ貢献したい」という気持ちを持っているものなのです。

だから、「誰かに貢献したい」なんて思えなくてもいい。

それに対して自己嫌悪に陥る必要も一切ありません。

まずは自分を満たすことを優先してください。

自分を大切にできない人に他者を大切にすることはできないからです。

人は社会で他者と関わる以上、さまざまな思いを抱えます。

これまで触れてきたように、人と関わることで自分の性格を形成し、価値観を育んでいきます。

もし、まだ「他者に貢献したい」という気持ちが湧かなかったとしても、これまでの人生で築いてきた性格や価値観が「貢献したい」という想いを隠しているだけなのです。

## まずは自分自身を知ること。自分自身の本音を探ること。

これがとても重要です。

自分が何を求めているかを知ることができたら、それで自分を満たしてあげればいい。

自分が満たされていくと、次は他者へ意識が向いていきます。

他者に貢献するのはそれからでいいのです。

例えば、人の役に立ちたいと思い、自分の仕事もいっぱいいっぱいなのに、先輩からの仕事の依頼を全部受け入れたら、先輩に貢献はしていても自分が潰れてしまいます。

しかし、自分の仕事をコントロールでき、メンタルも余裕が出てきたのであれば、先輩の仕事を受け入れて「他者貢献」することは大事です。

「この人の役に立てている」

「そして頼ってくれている」

「先輩と私の関係性に安心感を得られている」

こうした感覚が共同体感覚です。

共同体感覚こそが、自分がそこに居場所を感じることのできる方法なのです。

アドラーは次の言葉を残しています。


**「人は居場所がないと感じると、精神を病んだり、アルコールに溺れたりする。他者に貢献することで、居場所を確保すればいい」**

まずは自分自身を満たすこと。

それから、他者貢献すること。

これが共同体感覚を得ていく過程になります。

私自身も、些細なことから世の中に貢献するように行動をしていますが、この本を執筆している現在もまだまだ発展途中。

これからも、出会った人や地域のためにできることをしていきたいと考えています。

そうした人とのつながりが幸福に直結しています。


現代社会はモノがあふれています。

だからこそ、人とつながっている感覚や一緒にいる所属感が大切なのではないでしょうか。

人とのつながりを感じることができ、自分の居場所を感じることができたら、人生は好転していくはずです。

## こうして、「人生が楽しい」が更新されていく

このように、やりたいことなんてなかった0ヵ月目では考えられない変化が私に起きました。

アドラー心理学を知らなかったら、おそらくいまだに他人の目を気にして、やりたいことにも気づいていなかったかもしれません。

なんとなく人生を過ごし、なんとなくそのときどきで自分の欲求を満たして生きていたかもしれません。

そんな生き方を否定しているわけではないのですが、やはり人生は目的を持って生きたほうが楽しいです。

**私は人生で今が一番楽しいと胸を張って言えます。**

**しかも毎年、その気持ちが更新されていきます。**

もちろんつらいことや大変なこともありますが、それは自分で選んだものであれば楽しみながら乗り越えられています（アドラー心理学の「自己決定性」ですね！）

ぜひあなたも、自分に合った方法で、アドラー心理学を人生に取り入れてみてください。

第6章まとめ

10〜12ヵ月目の変化

▼ 仕事も職場の人間関係も充実していった。

▼ 心地いい場所しかなくなった。

▼ 「食べ物を残さない、無駄にしない」「旅をたくさんして地域にお金を落とす」「動物・生物を大切にする」「ボランティアや寄付をする」などを意識するようになった。

# おわりに　自分で決めた道を自分で突き進む

最後までお読みくださり、ありがとうございました。

アドラー心理学の魅力は充分に伝わりましたでしょうか。

年間100冊本を読んで思うのは、**「学んだことは使ってこそ力になる」**ということ。

アドラー心理学も使ってこそ力になります。

理論をインプットしてもあまり意味がありません。

あなたの人生の舵取りはあなたの手にかかっています。

ぜひ、あなたもアドラー心理学を生活の中に取り入れて、自分で決めた人生を歩んでください。

この先、ご縁あってお会いできることを楽しみにしています。

最後に、お伝えしたいことがあります。

私は紙の本を出版するのが夢でした。

本が大好きで、自分でも本を書きたいと思い、やりはじめたKindle本出版。

でも、個人出版の電子書籍だけではなく、本屋に並ぶ紙の本を出したいと思い続けていました。

実際にコーチングでも、私は夢として「紙の本を出す」と口に出したこともあります。


それが叶いました。

出版が決まったとき、一番最初に応援してくれ、一番そばで支えてくれた妻に感謝です。家族も今は遠く離れて暮らしていますが、私の活動を見守ってくれていることにありがたく感じています。

そしてお声がけしてくれた大和出版の葛原さんにも心から感謝です。

仕事をしながらなので執筆のペースが遅かったのに、いつも優しく私に合わせてくれてサポートしてくださいました。

また、Kindle出版を通してつながった作家仲間のみなさまにもいつも支えられています。ありがとうございます。


私の夢はみなさんに叶えていただきました。

そして、本書を手に取ってくださった方にも重ねて感謝申し上げます。

本書を通して、あなたの人生が少しでも充実したものになるよう祈りながら筆を置きます。

小泉健一

# 参考文献リスト

この1年で読んだ本のうち、一部を紹介します


『生きるために大切なこと』アルフレッド・アドラー著　桜田直美訳（方丈社）
『嫌われる勇気』岸見一郎・古賀史健共著（ダイヤモンド社）
『アルフレッド・アドラー　人生に革命が起きる100の言葉』小倉広著（ダイヤモンド社）
『もしアドラーが上司だったら』小倉広著（プレジデント社）
『働く人のためのアドラー心理学』岩井俊憲著（朝日新聞出版）
『アドラー心理学 人生を変える思考スイッチの切り替え方』八巻秀著（ナツメ社）
『悩みが消える「勇気」の心理学　アドラー超入門』永藤かおる著　岩井俊憲監修（ディスカヴァー・トゥエンティワン）
『新版　コーチングの基本』コーチ・エィ著　鈴木義幸監修（日本実業出版社）
『コーチング・バイブル』ヘンリー・キムジーハウス著、キャレン キムジーハウス著、フィル サンダール著、ローラ ウィットワース著、CTIジャパン訳（東洋経済新報社）
『図解　コーチングスキル』鈴木義幸著（ディスカヴァー・トゥエンティワン）
『ライフコーチング　自分を強く育てる習慣』林忠之著（パブラボ）
『世界でたった一人の自分を幸せにする方法』林忠之著（経済界）
『反応しない練習』草薙龍瞬著（KADOKAWA）
『アンガーマネジメントを始めよう』安藤俊介著（大和書房）
『ストア派哲学入門』ライアン・ホリデイ著　金井啓太訳（パンローリング株式会社）
『生の短さについて』セネカ著　大西英文訳（岩波書店）
『絶対、なんとかなる！』斎藤一人著（マキノ出版）
『思考は現実化する』ナポレオンヒル著　田中孝顕訳（きこ書房）
『ユダヤ人大富豪の教え』本田健著（大和書房）
『人生に素敵が舞い込む魔法の言葉』心屋仁之助（セブン&アイ出版）

今《いま》さらだけど、アドラー心理学《しんりがく》を
実践《じっせん》してみたらすごかった！
普通の会社員が人生を変えた12ヵ月

2024年 1 月 31 日　初版発行
2024年 7 月 11 日　4刷発行

著　者……小泉健一《こいずみけんいち》
発行者……塚田太郎
発行所……株式会社大和出版
東京都文京区音羽1-26-11　〒112-0013
電話　営業部03-5978-8121／編集部03-5978-8131
https://daiwashuppan.com
印刷所……誠宏印刷株式会社
製本所……株式会社積信堂
装幀者……喜來詩織（エントツ）
装画者……いぬいまやこ


ISBN978-4-8047-6425-2